Henning Scherf

Grau ist bunt

HERDER spektrum
Band 6374

Das Buch

Wie wollen wir im Alter leben? Henning Scherf hat sein eigenes Bild vom Alter und Älterwerden entwickelt. Er erzählt, wie seine Großeltern und Eltern alt geworden sind und wie er selbst alt werden will. Der großen Angst vor dem eigenen Altern und der Panik vor dem »demographischen Wandel« stellt er ein neues Altersbild entgegen. Und eine alternative Lebensform, die er selber in seiner Alters-WG praktiziert. Die Veränderungen, die sich durch das Altern ergeben, bergen viele neue Chancen. Henning Scherf zeigt, wie wir sie nutzen können. Seine Einsichten machen nicht nur Mut, sondern regen die eigene Fantasie an. »Henning Scherf beweist, was ›Alte‹, was Rentner, können, wenn sie wollen.« Berliner Morgenpost.

Der Autor

Henning Scherf, geb. 1938, Dr. jur., war lange Zeit Bildungs- und Justizsenator und von 1995 bis 2005 Bürgermeister von Bremen. Er ist verheiratet, hat drei Kinder, ist mehrfacher Großvater und lebt in Deutschlands berühmtester Wohngemeinschaft.

Henning Scherf

mit Uta von Schrenk

Grau ist bunt

Was im Alter möglich ist

HERDER

FREIBURG · BASEL · WIEN

Titel der Originalausgabe: Grau ist bunt. Was im Alter möglich ist

ISBN 978-3-451-28593-6

www.herder.de

Umschlagkonzeption und -gestaltung:
Agentur R·M·E Roland Eschlbeck
Umschlagmotiv: © Joerg Sarbach

Satz: Barbara Herrmann, Freiburg
Herstellung: fgb · freiburger graphische betriebe
www.fgb.de

Gedruckt auf umweltfreundlichem, chlorfrei gebleichtem Papier
Printed in Germany

ISBN 978-3-451-06374-9

Inhalt

Vorwort

Nun bin ich schon ein Jahr aus aller Berufstätigkeit heraus und werde täglich gefragt: Wie geht es denn? Wie bewältigen Sie die neue Freiheit? Wie ist Ihr Alltag strukturiert? Hilft Ihnen Ihre WG, Ihre Hausgemeinschaft? Was ist verloren gegangen? Was ist weniger geworden?

Jede Woche werde ich zu Kirchengemeinden, Seniorenvertretungen, Kommunalverbänden und anderen Gruppen eingeladen, um diese Fragen zu beantworten. Mein Altersleben gilt als positives Beispiel. Immer mehr Menschen in meinem Alter wollen ihren Lebensabend nicht so verbringen, wie es ihre eigenen Eltern getan haben. Sie fragen nach Alternativen, suchen Modelle, wollen ausprobieren, ob es nicht auch anders gehen kann.

Leider wird das Alter überwiegend als Angst- und Panikthema vermittelt. Doch mit diesem Endzeitjammer über die alternde Republik, mit diesen Schreckensbildern von

Massen an pflegebedürftigen Greisen, die mit ihren Rollstühlen uns alle in Bedrängnis bringen, muss Schluss sein! Ich möchte gerne über die Chancen reden, die ein Leben nach der Berufstätigkeit eröffnet. Ich möchte darüber reden, was alles im Alter möglich ist. Ich möchte Menschen Mut machen und sie hinterm Ofen hervorlocken.

Es ist ein großes Geschenk, dass viele von uns – anders als unsere Eltern und Großeltern – alt werden und nach der Berufstätigkeit ein neues Leben beginnen dürfen. Ich freue mich auf jeden neuen Tag.

1. Familie

Dem Elend des Alters bin ich in Miami Beach begegnet. Auf einer meiner Reisen nach Nicaragua, Ende der achtziger Jahre, musste ich dort übernachten, weil erst am nächsten Tag wieder ein Flugzeug nach Managua ging. Ich wollte nicht im Flughafenhotel bleiben und fuhr in die Stadt. Was ich zu sehen bekam, war – ergraut. Alte Menschen, die am Strand lagen und auf den Abend warteten. Alte Menschen in den Shopping-Malls. Und Alte an den Highways, die auf Campingstühlen saßen und nichts weiter taten, als den vorüberfahrenden Autos hinterherzustarren, Stunde um Stunde, bis zur nächsten Mahlzeit.

In einem der Restaurants am Strand, in dem ich zu Abend aß, saßen ein paar alte Damen am Nachbartisch. Sie sprachen deutsch miteinander, und nach einer Weile stellte ich mich vor. Mit welcher Begeisterung sie mich aufnahmen – endlich jemand

Neues, mit dem sie in ihrer Muttersprache reden konnten! Es waren deutsche Jüdinnen, die vor den Nationalsozialisten geflohen waren, sich durchgebissen hatten, in den Dreißiger-Jahre-Nöten der Vereinigten Staaten. Frauen, die einige Male so weit waren, nach Deutschland zurückzugehen, obwohl dort die Gaskammern waren. Die es dann doch nicht taten, sich in New York und in anderen Großstädten der Ostküste einrichteten, alt wurden, ihre Männer überlebten. Und die dann ihr gesamtes Geld investierten und sich in eines dieser unzähligen Rent-Hotels im Süden Floridas einkauften, sich endlich den erträumten Lebensabend im Süden gönnten. Wohnen im Hotel, Essen in der Lobby. Doch der Traum von Sonne, Strand und Meer erwies sich als tückisch. Tag für Tag am Licht – das macht die alte, empfindlich gewordene Haut nicht ewig mit. Tag für Tag in der Hotellobby – bald kennt man jedes Gesicht, jede Geschichte. Und dann, am Ende eines langen Lebens – Tag für Tag am Highway.

Diese Menschen in Miami Beach waren fit, konnten sich selbst versorgen, sie brauchten keine Pflege. Und dennoch führten sie in meinen Augen ein bedauernswertes Leben, ohne eine Struktur, ohne eine Rolle, die ihnen zugedacht war. Ein Leben, bei dem sie sich nicht einbringen, nicht ihre Geschichte erzählen, sich nicht verbünden konnten. Auf den ersten Blick erscheint dieser desolate Alltag der Alten in Miami wie ein Widerspruch. Im reichsten Land der Welt, in dem jeder sich selbst verwirklichen kann. In einer multikulturellen Gesellschaft, offen für jedermann. Und dann doch: einsam und allein zwischen Millionen. Früher habe ich die USA für das menschenfreundliche Gesicht des Kapitalismus gehalten. Heute denke ich, dass wir in »Old Europe« mit dem Schatz einer jahrhundertealten Kultur gewachsener Nachbarschaftsstrukturen der zusammengewürfelten amerikanischen Gesellschaft etwas voraushaben.

Diese Art von Lebensabend – Kommt nach Miami, hier werdet ihr entsorgt! – ist schrill, grotesk. In Miami wurde mir klar: Es verläuft ein dramatischer Riss durch die US-amerikanische Gesellschaft, es gibt eine Segregation zwischen Alt und Jung. Eine Spaltung zwischen denen, die noch in der Mühle der Arbeit sind, und denen, die nicht mehr gebraucht werden. In diesen südstaatlichen Altenghettos schafft sich die Zivilgesellschaft ab, wird die Menschenwürde entsorgt.

Miami ist nicht Bremen, die Vereinigten Staaten sind nicht Europa. Noch leben wir hier stärker vernetzt. Und doch zeigt der Blick in unsere Ballungszentren: Auch hier droht die Segregation, die Spaltung der Gesellschaft, die Vereinzelung und die Auflösung von familiären und nachbarschaftlichen Bindungen. Auch hier kommt es vor, dass Tote erst nach Wochen gefunden werden, wenn der Verwesungsgeruch ins Treppenhaus steigt. Diesen Entwicklungen müssen wir entgegenwirken: Trostlosigkeit und Vereinsamung im Alter lassen sich nur vermeiden, wenn Jüngere und Ältere einen neuen Generationenvertrag schließen, sich neu aufeinander einlassen.

* * *

Mit Miami begann meine Suche nach dem, was man Altersleben nennt. Wie gehe ich damit um, dass ich alt werde? Wie entgehe ich der Gefahr der Vereinsamung, der Langeweile? Wie will ich meine eigenen Angelegenheiten regeln?

Mit dem Altwerden ist es so eine Sache. Es spielt sich einfach so ab, nebenher. Bei mir zumindest gab es nie den Punkt, an dem ich dachte: Jetzt werde ich alt. Es gab aber einen Einschnitt, den Moment, als unsere jüngste Tochter auszog, an dem ich merkte, dass ein Lebensabschnitt zu Ende ging. Damals, Anfang der achtziger Jahre, wusste ich: Jetzt ist es passiert, jetzt bin ich in einer neuen Rolle, bin nicht mehr zusammen mit meiner Frau Luise dafür verantwortlich, dass es den Kindern Woche für Woche gut geht, sondern die sorgen jetzt für sich selbst. Ich konnte mich plötzlich nicht mehr über meine Kinder definieren. Natürlich waren sie nicht aus der Welt, sie kamen und kommen immer wieder zurück, inzwischen auch mit sechs Enkelkindern. Aber sie leben in sehr großer Selbständigkeit und in räumlicher Distanz.

Als unsere Kinder noch zu Hause lebten, führten wir ein inneres, ein privates Leben und ein äußeres, ein öffentliches. Darin, das innere vor dem äußeren Leben zu schützen, sah ich immer meine wichtigste Aufgabe. Als die Kinder aus dem Haus waren, verschmolzen beide Sphären – ich musste nun keine Rücksicht mehr nehmen, konnte nun als öffentliche Person relativ unbesorgt auch Teile meines Privatlebens preisgeben. Es ist wie in dem Gedicht von Rilke: Es hat sich ein neuer Ring um unser Leben gelegt. Wir sind auf eine neue Rolle in einem neuen Lebensabschnitt verwiesen.

Das eigentliche Altern, der körperliche und seelische Prozess, ist viel dezenter. Wer an einem Zaun entlanggeht, wird die einzelnen Latten kaum unterscheiden können – doch wer sich umblickt, erkennt, wie lang die Strecke ist, die hinter ihm liegt. Vielleicht muss man deswegen auch so aufpassen, dass man etwas aus seinem Alter macht, bevor es etwas aus einem macht.

Vor zehn oder fünfzehn Jahren war ich müder als jetzt, ich konnte nicht mehr so viel Neues aufnehmen. Das lag sicher auch an dem politischen Druck, der damals auf mir lastete: 1991 hatten wir in Bremen die Ampel-Regierung gebildet, ein mehr als fragiles Gebilde. Zu der Zeit war ich Senator für Bildung und Justiz. Wir Sozialdemokraten mussten ständig den Spagat zwischen Grünen und Liberalen machen. Damals habe ich mir immer wieder gesagt: Warum lässt du dir das gefallen? Du hast doch hier ein Mandat bekommen für konstruktive Arbeit, stattdessen wirst du in Schlachten hineingezogen, die gar nicht deine sind. Bundesweit kam der Frust im Zusammenhang mit der Wiedervereinigung dazu. Wir haben damals fundamentale Fehler begangen, unter der rasanten Zerstörung des DDR-Wirtschaftssystems leiden wir noch heute. Und ich war mittendrin, hatte Verantwortung. Zu Beginn der neunziger Jahre habe ich überlegt: Wie komme ich hier raus? Aber der Abschied aus der Politik ist mir erst fünfzehn Jahre später gelungen.

In meinen letzten Berufsjahren wollte mich die Politik nicht loslassen – ich wollte schon. Während meine gesamte Generation bereits in Rente war, saß ich immer noch da und unterschrieb Pensionsurkunden für Leute, die jünger waren als ich. Das war grotesk. Doch die Wahlerfolge standen dagegen, mein

CDU-Koalitionspartner und meine eigenen Leute von der SPD mussten das Gefühl bekommen, ich sei in den besten Jahren. Wieso eigentlich sollte ich – aus ihrer Sicht – aufhören wollen? Es gibt ja etliche Politiker – Helmut Kohl, Kurt Biedenkopf, Otto Schily –, die an ihren Sesseln klebten, die nicht ohne die »Droge Macht« können, wie es der Journalist Jürgen Leinemann beschreibt. Aber das war nicht mein Problem. Ich habe mich nie für unersetzlich gehalten. Im Gegenteil: Ich hatte Angst davor, den ewigen Regierungschef zu geben und durch einen Schlaganfall oder Herzinfarkt im Amt gefällt zu werden. Ich wollte noch Zeit und Kraft haben für ein Leben nach der Arbeit. Dreimal musste ich ansetzen, um aus dem Amt herauszukommen. Im Schatten der vorgezogenen Bundestagswahlen im Herbst 2005 habe ich in Bremen meinen Abgang vorbereitet. Mit 67 Jahren der Abgang in ein neues Leben!

Ich erlebe viele, auch Freunde, die Angst vor der Pension, vor dem Altwerden haben. Ich selbst kenne diese Angst nicht. Zumindest noch nicht. Das liegt an Verschiedenem: an der glücklichen Ehe, die meine Frau und ich nun schon seit 46 Jahren führen, an dem Glück, das wir mit unseren Kindern und Enkelkindern haben. Es liegt an dem Glück, das wir mit unserer Hausgemeinschaft haben, und es liegt an dem Glück, dass ich in diesem Stadtstaat lebe, an den überwiegend wohlwollenden und hilfsbereiten Leuten hier. Ich bin in Bremen geboren und aufgewachsen, und ich habe hier wie an keinem anderen Platz in der Welt Bindungen knüpfen können, die mich tragen.

* * *

Im Grunde habe ich mir bis Ende vierzig nur begrenzt Gedanken über meinen eigenen Lebensabend gemacht. Ich wollte auf die Weise alt werden, auf die meine Großmutter alt geworden ist: in der Mitte der Familie, umgeben von Kindern und Enkelkindern. Sie kam in unser Haus, weil meine Mutter kurz nach ihrer Hochzeit schwer krank wurde. Mein Vater hatte sie gerade erst weggeschickt, hatte ihr gesagt: »Ich habe eine Frau geheiratet und nicht eine Schwiegermutter.« Aber da lag nun seine Frau im Krankenhaus mit einer schweren Gürtelrose. Und mein Vater, dessen Drogerie von den Nationalsozialisten boykottiert wurde, weil er in der Bekennenden Kirche war, war mit seinen drei kleinen Kindern aus erster Ehe allein. Seitdem ist meine Großmutter nie wieder aus unserem Haus in der Bremer Neustadt weggegangen. Sie hat erlebt, wie meine Mutter drei Kinder – mich und meine beiden jüngeren Brüder – bekommen hat. Sie hat erlebt, wie mein Vater Soldat wurde und die Frauen den Kriegsalltag allein meistern mussten. Zweimal wurden wir ausgebombt. Meine Mutter wäre wohl mit den sechs Kindern, dem zerstörten Geschäft und dem Mann in Kriegsgefangenschaft verzweifelt, wenn es die Großmutter nicht gegeben hätte. Die beiden Frauen wurden zu einer Notgemeinschaft, und wir Kinder haben davon außerordentlich profitiert.

Das änderte sich auch nicht, als mein Vater Weihnachten 1945 aus der Kriegsgefangenschaft zurückkehrte: Großmutter blieb. Anfangs, das mag sein, war mein Vater gleichgültig ihr gegenüber. Doch sie war behutsam, sensibel, sie hat sich manchmal unsichtbar gemacht. Und mit der Zeit wurde diese kleine Frau mit dem Haarknoten und dem stets schwarzen Kleid zum Mittelpunkt unserer Familie. Sie war frühmorgens immer die Erste und abends die Letzte, die wach war. Ich habe sie nie krank erlebt, sie war immer da, immer fleißig, immer praktisch, hat gekocht, gewaschen, genäht, gebügelt. Und sie war absolut bedürfnislos. Ihre Rente, 54 Mark, hat sie unter uns Kinder verteilt – sie war die Einzige, die Geld für uns übrig hatte. Als ich in der Schule absackte, zu stottern anfing, hat sie mitgelitten wie niemand sonst. Mit Ratschlägen war sie zurückhaltend, sie hat sich stattdessen mit uns solidarisiert. Meine Kindheit und Jugend war durch diese alte Frau überstrahlt.

Ihr Sterben war ein Sterben, wie ich es allen wünsche. Großmutter ist in ihrem achtzigsten Lebensjahr regelrecht verblichen, in ihrem Bett gestorben, die Familie um sie herum. Sie hatte keine Schmerzen, trotz des Wassers in den Beinen und des Herzleidens. Wir haben uns gründlich verabschieden können, sie bis zuletzt in den Arm genommen. Aus ihren Wachphantasien in den letzten Tagen haben wir erfahren, dass die Zeit, die sie in dieser Familie hatte, die glücklichste Zeit ihres Lebens war. Es war bewegend. Ich war siebzehn Jahre alt, als meine Großmutter starb, war frisch in die Frau verliebt, die ich später heiraten würde, und hatte sicher alles Mögliche im Kopf, nur keine Sterbebegleitung. Und doch habe ich diesen Abschied meiner Großmutter als etwas ganz Wunderbares in Erinnerung, weil er sich in unserer Mitte ereignete und nicht in einer anonymen Klinik, wie später bei meiner Mutter.

Dieses Leben und Sterben hat mein Bild vom Alter geprägt. Das Bild der Großmutter hatte ich vor Augen, wenn ich an mein eigenes Altersleben dachte. Es ist ein Geschenk des Himmels, wenn mehrere Generationen zusammenleben können. Wenn man als Kind die Erfahrung machen kann, dass es nicht nur die Eltern gibt, sondern auch die Eltern der Eltern. Wenn man jemanden hat, der anders ist als Vater und Mutter. Jemanden, der Zeit und Geduld hat. Jemanden, der Erfahrungen vermittelt, die die Eltern gar nicht vermitteln können, weil sie berufstätig sind oder anderen Stress haben. Mein Schwiegervater hat unseren Kindern das

Schwimmen beigebracht oder sie mit auf die Jagd genommen – ich war zu der Zeit schon Berufspolitiker und hätte kaum Zeit gehabt für solche Abenteuer. Aber es ist auch nicht nur für die Enkel schön, sondern auch für die Eltern, wenn es da noch jemanden gibt, der älter ist, der die Großelternrolle übernimmt und sie entlastet. Und die Großeltern wiederum wissen, dass sie gebraucht und geliebt werden. Mein Schwiegervater hat immer wieder gesagt, wie wichtig ihm seine Enkel seien, dass er erst jetzt, im Alter, erfahre, wie schön es sei, ein Kind aufwachsen zu sehen. Als seine Kinder klein waren, war er als Soldat im Krieg.

Doch dieses Bild, im Grunde das Gesellschaftsbild der fünfziger Jahre, hat schon zehn Jahre später Risse bekommen. Die Familienstrukturen haben sich verändert. Die Großfamilie gibt es nicht mehr. Die wirtschaftliche Not, die früher mehrere Generationen unter ein Dach gezwungen hatte, ist überwunden. Junge Familien wollen ihr eigenes Leben führen, junge Eltern ihren eigenen Stil im Umgang mit ihren Kindern finden. So wie wir auch. Also blieb meine Mutter in ihrer Wohnung, nachdem mein Vater gestorben war. Sie hätte es sich gewünscht, bei uns zu leben. Meiner Schwiegermutter haben wir später, als wir schon in unserer heutigen Hausgemeinschaft lebten, angeboten, bei uns zu wohnen – unter Tränen hat sie das angenommen und sich dann doch entschieden, mit ihren Freundinnen im Heim alt zu werden. Ihr gegenüber fühle ich mich völlig entlastet. Aber damals, in den siebziger Jahren, war in unserer Kleinfamilie noch kein Platz für eine Großmutter. Stattdessen ging ich zu meiner Mutter zum Mittagessen, brachte ihr Blumensträuße mit, und fast täglich war ein Enkelkind bei ihr. Das war unsere Bringschuld. Und selbst wenn wir es möglich gemacht hätten, wenn wir eine größere Wohnung hätten finanzieren können, wäre es nicht so einfach gewesen wie mit meiner Großmutter. Meine Mutter war sehr viel dominanter, sie hatte den Anspruch, Orientierung zu geben, den Kindern und den Enkelkindern zu sagen, wo es langgeht. Sie verstand ihre Rolle, anders als meine Großmutter, als die der zentralen Autorität. Dabei hatten wir Kinder und Schwiegerkinder durch unser Studium und das Leben in anderen Städten Qualifikationen erworben und Erfahrungen gewonnen, die sie nur ahnen konnte. So habe ich erlebt, dass es nach der gelungenen Drei-Generationen-Familie mit meiner Großmutter – auch in der Familie meiner Frau war es ähnlich gewesen – bei uns keine Fortsetzung gab. Zwar hatten wir eine sehr enge Beziehung, und wir haben in großer Nähe zueinander gewohnt, aber die Großfamilie unter einem Dach war für uns nicht mehr möglich. Ein Leben in mehreren Generationen ist komplex. Man muss sich aufeinander einlassen, Rücksicht nehmen. Wenn man das nicht geübt hat und die Not nicht dazu zwingt, gelingt es nicht.

* * *

Ungeachtet der Tatsache, dass unsere Kinder längst ein Leben weit weg von Bremen führten, hielt ich an der Vorstellung fest, mit ihnen alt zu werden – also an jener aus meiner Kindheit herrührenden Vorstellung. Es war meine Frau, die sagte, man dürfe seine Wünsche nicht ungefragt auf die Kinder projizieren und davon ausgehen, dass dann schon alles von alleine laufen werde. Also begannen wir, darüber nachzudenken, wie wir künftig leben wollten.

Mit Sicherheit ist es keine leichte Aufgabe für eine Gesellschaft, neue Wohn- und Lebensformen zu schaffen. Eine Hausgemeinschaft kann nicht verordnet werden. Und die richtigen Leute für eine solche Nähe zu finden, ist eher schwieriger geworden. Die Welt der Massenkommunikation befördert unsere Individualisierung. Die Werbung suggeriert doch jedem jeden Tag: Dreh dein eigenes Ding!

Wir haben im Freundeskreis nicht weniger als fünf Jahre gebraucht, bevor wir die richtigen Leute und das richtige Modell für unser Alter gefunden haben. Ganz behutsam haben wir das Konzept unserer Hausgemeinschaft entwickelt. Wir gingen gemeinsam aus, machten gemeinsam Urlaub, um zu sehen, wie viel Nähe wir ertragen und ob wir auch auf längere Zeit miteinander können. Freunde sprangen ab, und wir machten Abstriche. Zunächst gab es die Idee eines ganzen Dorfes, das wir mieten wollten. Daraus wurde dann die Wohngemeinschaft mit gemeinsamer Küche und gemeinsamer Bibliothek – ich sah schon meinen ehemaligen Arbeitstisch aus dem Bremer Rathaus mit zweieinhalb Metern Durchmesser im gemeinsamen Esszimmer. Und als uns klar wurde, dass jeder doch seine Lieblingsbücher für sich behalten würde und uns eine gemeinsame Küche schon während unserer Studentenzeit zu anstrengend war, wurde aus dieser Idee schließlich die alte Stadtvilla mit ihren fünf Parteien, einem Fahrstuhl für unsere alten Tage und einem samstäglichen Frühstück, das von Küche zu Küche wandert. Wir hoffen, dass wir mit unseren Freunden in diesem Haus alt werden können. Dazu gehört auch, dass wir, sobald es nötig wird, gemeinsam eine Haushalts- und Pflegehilfe bezahlen werden.

Viele, die uns um diese WG-Hausgemeinschaft beneiden, schrecken dennoch davor zurück, sich mit Freunden im Alltag so eng zu verbinden. Und man darf das Unternehmen tatsächlich nicht unterschätzen. Schnell kann ein solches Modell auf den berühmten Satz von Jean-Paul Sartre hinauslaufen: »Die

Hölle, das sind die anderen.« Wenn man sich nicht gegenseitig im Wege stehen oder gar einander nerven will, muss man an sich arbeiten. Solch ein behutsames, diskretes Begleiten, bei dem keiner dem anderen zur Last wird, ist etwas Kostbares.

Unsere Kinder nannten uns »postpubertäre Romantiker«, als sie von unseren Haus-Plänen erfuhren. Sie waren skeptisch, ob ihre Eltern sich noch einmal auf ein gemeinsames Leben mit anderen würden einlassen können. Aber unser Modell trägt, lässt jedem genug Distanz und ermöglicht Nähe. Seit 1988 leben wir nun schon hier, und das mit großem persönlichen Gewinn. Inzwischen sind auch unsere Kinder davon überzeugt. Sie sind gerne hier, bewegen sich ganz frei von Wohnung zu Wohnung und schicken uns die sechs Enkel, die zu richtigen Hauskindern geworden sind. So haben wir letztlich doch die bunte Großfamilie bekommen, die ich mir so gewünscht habe. Und unsere Kinder leben ihr selbstbestimmtes Leben mit ihren Familien in Cardiff, Hamburg und Berlin.

Warum leben wir diese WG-Hausgemeinschaft mit Freunden und nicht mit unseren eigenen Geschwistern? Es sind wohl in erster Linie die unterschiedlichen Wohnorte, in die uns unsere Berufe geführt haben, die ein Zusammenleben unmöglich machen. Es ist aber wohl auch die bewusste Emanzipation vom Elternhaus, die jeder von uns erlebt hat und die zu einer neuen Rolle auch den Geschwistern gegenüber geführt hat. Und schließlich ist es die immer wieder neue Unterschiedlichkeit von Freunden mit ganz anderen Erfahrungen und Ansichten, die diese Art von Zusammenleben spannender macht, als immer nur mit der Familie zusammenzuhocken.

Dass Luise und ich in dieser Wahlfamilie leben dürfen, ist für mich ein großes Geschenk. Und von Routine und Langeweile und Nebeneinanderhertrotten verspüre ich nichts. Dass wir oft einer Meinung sind, obwohl wir so unterschiedliche Rollen hatten und haben, zeigt mir, welch ein Glück wir miteinander haben. Nur sehr selten kommen uns der Alltagsstress, Ungeduld oder Uneinigkeit in die Quere. Aber wir entdecken auch immer wieder neue Herausforderungen, machen gemeinsame Reisen, haben gemeinsame Freunde. Meine Lebenslust, meine tagtägliche Freude auf das, was vor mir liegt, hat in dieser Gemeinschaft ihren Kern und ihre Wurzel.

* * *

Das Alter ist keineswegs betrüblich. Vielmehr hat sich unser Blick getrübt. Das Image dieser letzten Lebensphase hat schwer gelitten. Aber das Alter ist keine Katastrophe, das Leben keine gerade Strecke ins Abseits. Meines zumindest verläuft in Wellen. Warum sollte das jenseits der sechzig plötzlich anders werden?

Gerade erlebe ich ein Hoch. Ich freue mich auf jeden Tag, bin neugierig auf Neues. Ich kann nun Projekte verfolgen, für die ich als Politiker nie Zeit hatte. Ich lerne endlich Orgelspielen, habe mich einer Aquarellklasse angeschlossen, arbeite an meinem Englisch, engagiere mich in dem ökumenischen »Lehrhaus Bremen«, das Freunde von mir gegründet haben. Ich will mich nicht ins private Leben zurückziehen, mich nicht auf die faule Haut legen, am Strand alt werden. Ich will im Rahmen meiner Möglichkeiten Verantwortung übernehmen. Damit ich nicht missverstanden werde: Ämter und Parteiklüngel interessieren mich nicht mehr; Politik im engeren Sinne ist für mich vorbei. Ein Engagement für die Zivilgesellschaft jedoch nicht: Ich organisiere mit anderen den Evangelischen Kirchentag 2009, der in Bremen stattfinden soll. Ich bin Präsident des Deutschen Chorverbandes. Ich werde nächstes Jahr Kuratoriumsvorsitzender des Evangelischen Studienwerkes Villigst, das mir mein Studium ermöglichte. Und mit Luise arbeite ich für die Stiftung »Pan y Arte«, die in Nicaragua große Kulturprojekte finanziert. Wir leben in einer auf Eigeninitiative angewiesenen Zivilgesellschaft, und hier will ich mitmachen, so gut ich kann und so lange ich gefragt werde.

Mir ist bewusst, dass diese Euphorie nicht ewig hält. Und ich versuche, mich darauf einzurichten, dass auch wieder ein Tief kommt. Doch den Lebensabschnitt nach der beruflichen Tätigkeit als eine Phase zu bezeichnen, in der man nicht mehr produktiv sei und nur noch Kosten verursache, ist irreführend. Persönlich marode und gesellschaftlich überflüssig – das ist eine dramatische Verzerrung. Statistisch betrachtet sind wir Alten vitaler als je zuvor – aktive Bürger, die wählen, die beteiligt und ernst genommen werden wollen. Meine Frau und ich freuen uns, wenn wir als Großeltern gebraucht werden. Doch in einem unterscheidet sich unser Altersmodell deutlich von dem meiner Großmutter: Selbstlose Dienstleister sind wir nicht, das lässt schon unser Terminkalender nicht zu.

Wir haben unseren Job an den Nagel gehängt, nicht unser Leben.

2. Freiheiten

Meine Großmutter wurde mit 27 Jahren zum zweiten Mal Witwe. Seit dieser Zeit hat sie nur noch schwarze Kleider getragen und für ihre Kinder und Enkel gelebt. Sie war eine alte Frau – mit Ende zwanzig! In diesem Alter emanzipieren sich heute viele junge Frauen erst richtig, beenden ihr Studium, fangen ihr Leben an. Was für ein kultureller Bruch!

Wir, die wir im Nachkriegsdeutschland aufgewachsen sind, gehen anders mit unserem Leben und auch mit unserem Alter um, als es unsere Eltern und Großeltern noch getan haben. Der italienische Philosoph Norberto Bobbio schrieb in seinem berühmten Essay *De senectute*: Wer das Alter preist, hat ihm noch nicht ins Gesicht gesehen. Auf mich trifft das zu: Ich gehe jetzt stramm auf die siebzig zu – aber ich fühle mich alles andere als alt. Ich erlebe derzeit eine Phase voller Lebenslust, mit regem Interesse an Neuem und großer Freude über Herausforderungen. Und so wie mir geht es vielen in meiner Altersgruppe. Wir erfahren uns als eine begünstigte Generation, die älter werden darf als alle, die vor ihr gelebt haben. Wir können mit Mitte siebzig, manche sogar noch mit achtzig, neue Lebensentwürfe ausprobieren. Durch unsere längere Lebenserwartung bei guter Gesundheit hat sich eine neue Lebensspanne zwischen das mittlere und das hohe Alter geschoben. Wir sind die jungen Alten – und so wollen wir auch leben! Wir ziehen mit sechzig noch in eine WG. Wir laufen mit siebzig noch Marathon. Wir beraten mit achtzig noch Firmen im Ausland. Wir probieren aus, was noch geht. Und es geht noch einiges.

Um zu verstehen, warum wir leben, wie wir leben, muss man sich vor Augen führen, was uns geprägt hat. Wir Alten von heute sind die Generation, die auf die »skeptische Generation« folgt, wie Helmut Schelsky sie nannte. Die »Skeptiker« haben noch am Zweiten Weltkrieg teilgenommen, waren in der Hitlerjugend, sind zum Teil voller Begeisterung für den vermeintlichen »Führer« in den Krieg gezogen. Völlig verstört und traumatisiert sind viele von ihnen zurückgekehrt und wollten nie wieder etwas mit Politik und Propaganda zu tun haben. Meine Altersgruppe dagegen hat das Nazi-Regime und den Krieg – als kleine Kinder – einigermaßen unbeschadet überstanden. Wir waren vielleicht ausgebombt, mussten vielleicht hungern und fliehen, haben Tote gesehen, aber wir waren nicht selbst in diesen Krieg verwickelt, haben uns nicht schuldig gemacht und mussten keine Waffe tragen. Der Nationalsozialismus war für uns der Betrug an den Eltern, an den Deutschen und an der Welt.

Die darauffolgende Restauration in der Bundesrepublik unter Adenauer habe ich, weil ich aus einem linken, christlichen Elternhaus komme, als Oppositioneller erlebt. Die Reaktionären, wie wir sie nannten, wollten nicht über die Konzentrationslager reden, nicht über die Nazi-Richter, nicht über die Nazi-Beamten, nicht über die Nazi-Unternehmer, die wieder in ihre alten Positionen zurückkehrten. Aber meine Eltern, unsere Freunde und ich, wir wollten laut darüber reden. Und deswegen sind wir auf die Straße gegangen. Ich bin als Abiturient auf dem ersten Ostermarsch 1958 von Bremen nach Bergen-Belsen mitgelaufen. Eine Woche sind wir gewandert, brav um die Dörfer und Städte herum, weil die Polizei uns untersagte, mitten durch die Ortschaften zu gehen. Wir mussten erst lernen, dass man sich das Demonstrationsrecht erstreiten muss. Ich war Mitglied im Verband der Internationalen Kriegsdienstgegner, habe verweigert und bin bis heute Mitglied in der ältesten deutschen Friedensbewegung, im Versöhnungsbund. Noch immer unterstütze ich den pazifistischen »Service Civil International« (SCI), eine Friedensbewegung, die weltweit Freiwilligendienste und Workcamps organisiert. Ich habe als Oberprimaner ein Camp in Osthofen bei Worms geleitet, an dem Leute teilnahmen, die nach Israel in den Kibbuz wollten. Wir haben diese Leute, die zum Teil älter waren als wir selbst, politisch geschult, damit sie wussten, was in Israel auf sie zukommen würde.

Zwei Ereignisse während meiner Jugendzeit haben uns als Generation geprägt und politisch mobilisiert. Das eine war der Versuch Adenauers, hinter dem Rücken von Parlament und Regierung die Wiederbewaffnung Deutschlands durchzusetzen. Das hat Millionen empört, und auch ich bin als Schüler dagegen angelaufen. Das andere war die atomare Aufrüstung der Alliierten in den fünfziger Jahren, die Stationierung von Atomsprengköpfen in Deutschland. Nagasaki und Hiroshima waren uns plötzlich ganz nahe. 1959 bin ich mit engagierten Christen, linken SPD-Mitgliedern und Pazifisten aus Bremen nach Bonn zur Demonstration gefahren. 400 000 Menschen auf der Straße – das war für damalige Verhältnisse eine ungeheure Zahl. Damals und später in Mutlangen lernte ich Leute wie Heinrich Böll, Walter Jens, Dietmar Schönherr und Theodor Ebert, den Gründer der »Gewaltfreien Aktion«, kennen. Meine Generation las die Bücher der »Gruppe 47« und setzte sich für ein anderes Deutschland in Bewegung.

Als Student bin ich zwar noch mit dem Sozialistischen Deutschen Studentenbund in Berührung gekommen, der die Achtundsechziger-Revolte maßgeblich trug, aber ich hatte

1962/63 bereits das Examen abgelegt, war für meine Familie verantwortlich und bemühte mich, meiner Rolle als Studienleiter am Evangelischen Studienwerk in Villigst gerecht zu werden. Die Studentenbewegung habe ich beobachtet, aber ich war nicht mehr dabei, denn ich war schon fast etabliert.

Meine Generation hat den Wiederaufbau dieses von den Nationalsozialisten innerlich und äußerlich verwüsteten Landes erlebt. Wir wollten, dass man künftig anders miteinander umgeht – im Land, aber auch außerhalb des Landes. Wir wollten nicht wieder in der nationalen Sackgasse landen, wir wollten nach Europa, wir wollten eine offene, tolerante Gesellschaft. Ich weiß noch, wie ich mit meinem Bruder Michael – wir waren damals fünfzehn und vierzehn Jahre alt – nach Paris getrampt bin, ohne ein Wort Französisch zu können. Dort haben wir eine französische Familie kennen gelernt, die wir später zu uns nach Bremen eingeladen haben. Durch uns Kinder haben unsere Eltern auf beiden Seiten entdeckt, dass Frankreich nicht der Erbfeind und Deutschland nicht nur nationalsozialistisch war. Durch unsere internationale Orientierung, durch unsere Neugier auf das Leben außerhalb der deutschen Grenzen haben wir dazu beigetragen, dass diese Bundesrepublik eine wundersame Erfolgsgeschichte erlebt hat. Wir waren die neue deutsche Bevölkerung. Wir hatten keine Feindbilder mehr im Kopf, wir wollten friedliche Nachbarschaft, wir wollten interkulturelle Nähe und Austausch. Wir begeisterten uns für französische und britische Intellektuelle, wollten raus aus dem Schisma von West und Ost, reisten nach Prag, nach Warschau, fanden Freunde hinter dem Eisernen Vorhang. Wir wollten das leben, was dann Jahrzehnte später mit den Ergebnissen der Konferenz über Sicherheit und Zusammenarbeit in Europa, mit der Schlussakte von Helsinki, mit Glasnost und Perestroika eingelöst wurde.

Und wir haben die soziale Kultur auch innerhalb des Landes verändert, wir haben mehr Offenheit und Toleranz in der Liebe, in der Erziehung unserer Kinder, im gemeinschaftlichen Wohnen gelebt, wie der Journalist Jürgen Leinemann schreibt. Wir haben nicht sofort geheiratet, wenn wir uns in jemanden verliebten. Wir versuchten, mit unseren Kindern gemeinsam einen Weg zu finden, erwachsen zu werden. Wir versuchten, Konflikte im Gespräch und nicht handgreiflich zu lösen. Wir zogen in Wohngemeinschaften, wenn wir uns die Miete allein nicht leisten konnten. All dies war noch Jahre zuvor undenkbar.

Und nun prägen wir einen neuen Umgang mit dem Alter. Das Sein bestimmt das Bewusstsein, die eigene Betroffenheit sorgt dafür, dass wir das Alter anders leben als noch unsere Eltern und Großeltern. Wir haben uns aus strukturierten, festgefahrenen, konservativen Milieus befreit und uns damit die Kompetenz erworben, konstruktiv mit unserem jetzigen Altern umzugehen. Und die etwas jüngeren Achtundsechziger-Revoluzzer, die mit Krach aus dem Elternhaus, aus Schule und Hochschule rausgegangen sind, haben allemal Erfahrungen gesammelt, wie man mit Traditionsbrüchen umgeht und anschließend, wenn man selbst in die Elternrolle oder Unternehmerrolle kommt, einen eigenen Weg findet, Verantwortung zu tragen. Wir heutigen Alten sind eine spannende

Mischung, und die Chance ist groß, dass hieraus etwas Neues entsteht.

In den archaischen Gesellschaften, die der Ethnologe Claude Lévi-Strauss einmal »kalte Gesellschaften« nannte, die sich nur langsam verändern, in denen der Enkel so lebt, wie der Großvater lebte, waren Alte die Ausnahme. Sie wurden verehrt als Hüter des gesellschaftlichen Wissens, als Weise. Methusalem war ein Solitär. Heute werden so viele Menschen alt, dass es kein festgelegtes Rollenbild für die Alten mehr geben kann. Hinzu kommt, dass unsere heutigen, nach Lévi-Strauss »heißen« Gesellschaften sich so rasant verändern, dass Menschen jenseits der Pensionsgrenze kaum noch universelle Ratgeber sein können. Nein, die Rolle der Alten muss unter diesen Umständen anders aussehen. Heute nehmen die Alten an der Gesellschaft teil, sie gehen wieder an die Universität, lassen sich als Seniorexperten um die Welt schicken, sind aber auch Wüteriche und Einsiedler. Das Alter ist nicht mehr die spektakuläre Ausnahme. Alt zu sein, ist normal geworden. Und in dieser Normalität können wir so bunt leben, wie wir wollen.

Ich kenne viele mobile ältere Menschen, die ihre Familienrolle gelebt haben und in ihrem Beruf tüchtig waren und die nun ihr Alter annehmen und sich nach etwas Neuem umsehen. Menschen, die Ausschau danach halten, wo sie sich noch einmischen, wo sie ihre verschütteten Talente mobilisieren, wo sie Verantwortung übernehmen können. Es gibt viele von uns, die sich im Alter für Projekte stark machen, Geld spenden oder ehrenamtlich arbeiten. Ich beobachte, dass viele humanitäre, soziale oder politische Projekte von Leuten in meinem Alter getragen werden. Viele von uns bieten ihre lebenslang erworbene Kompetenz an, um diese Projekte am Laufen zu halten. Wir wollen uns nicht hinter verschlossenen Türen in Sehnsucht verzehren, wir wollen leben, wollen unsere Arbeitskraft hergeben, wir kratzen unser Erspartes zusammen und finanzieren, was wir können. Wir erleben derzeit eine regelrechte Gründungswelle von privat getragenen Stiftungen, derzeit haben wir fast 13 500 solcher Vereinigungen in Deutschland. Allein 2005 wurden 880 neue gegründet, meldet der Bundesverband Deutscher Stiftungen. Das ist wunderbar. Hinter diesen Stiftungen stecken oft große Vermögen, Menschen, die entscheiden, nicht alles ihren Kindern zu vererben, sondern einen Teil ihres Geldes der Gesellschaft zurückzugeben, die ihren Aufstieg ermöglicht hat.

Die Menschen in Bremen und Hamburg sind hier überproportional aktiv. Wir greifen auf eine großartige stadtbürgerliche Tradition zurück: In Bremen wurden jahrhundertelang freiwillig Steuern gezahlt. Der einzelne Bürger hat sich gesagt: Ich trage diesen Stadtstaat, weil ich hier geboren bin, weil ich hier aufgewachsen bin, weil ich hier mein Geld verdiene, weil ich hier gerne lebe mit meinen Kindern, meiner Familie, meinen Freunden – und das hat funktioniert. Die heutige Stiftungswelle ist für mich ein Indiz, dass wir auf einem guten Weg sind. Ich beobachte in den Organisationen, in denen meine Frau und ich aktiv sind, bei »amnesty international«, beim »Service Civil International«, bei »Pan y Arte«, bei »Misereor« oder »Brot für die Welt«, dass es überwiegend die ältere Generation ist, die regelmäßig mit ihrem Geld für die Arbeit, die dort geleistet wird, aufkommt. Und ich beobachte eine hohe Loyalität: Das sind Leute, die sich nicht ein reines Gewissen erkaufen wollen, die einmal spenden und dann ist es gut, sondern das sind Menschen, die sich mit ihren Projekten identifizieren, die das als ihre Wirkungsmöglichkeit im Alter erkennen. Ich kenne viele, die zwar nicht mehr reisen und daher auch nicht mehr die Projekte ihrer Jugend besuchen können, die aber weiterhin mitdenken und ihr Geld als Beitrag dazu betrachten, Krieg und Katastrophen, Elend und Sterben zu überwinden, und sich freuen, wenn junge Leute damit etwas Vernünftiges anfangen.

* * *

Der klassische Ruhestand hat ausgedient. Menschen, die sich nur noch bei besonderen Anlässen sehen lassen und sich ansonsten zu Hause verkriechen – diese Art, das Alter zu leben, ist passé. Es ist nicht erstrebenswert, nichts um die Ohren zu haben, morgens aufzustehen und nicht zu wissen, was der Tag bringen wird. Wenn mich der Beruf nicht mehr prägt, ist es wichtig, dass ich in mein Leben Struktur bringe, dass ich mir überlege, was ich mit dieser Zeit anstelle, die mir geschenkt ist. »Nehm di nix vör, dann geiht di nix fehl«, wenn du dir nichts vornimmst, dann kannst du auch nichts falsch machen – das ist einer der dümmsten Sprüche, die es in diesem Zusammenhang gibt. Wilhelm Kaisen, der Bremen in der Nachkriegszeit als Bürgermeister zusammengehalten hat und weit über die SPD hinaus verehrt wurde, hat gezeigt, welche Rolle man im Alter noch spielen kann. Kaisen hat noch mit 92 Jahren auf seiner kleinen bäuerlichen Siedlungsstelle gearbeitet, die er eigentlich für seinen behinderten Sohn betrieben hat. Trotz seines Alters war er morgens der Erste im Stall, und trotz seines Alters hat er weiter gelernt, war immer wohl informiert, war beredt. Dabei kam Kaisen aus ärmlichen Verhältnissen, hatte nur die Volksschule absolviert und später Stuckateur und Journalist gelernt – ein klassischer Arbeiterpolitiker aus dem 19. Jahrhundert. Und trotzdem hatte er diese Kompetenz, sein Altersleben mit Alltagsaufgaben und Herausforderungen zu füllen. Von diesem klugen alten Mann habe ich gelernt: Man darf sich nicht hinsetzen, die Hände in den

Schoß legen und warten, dass etwas kommt. Es kommt nichts.

Das bedeutet nicht preußische Pflichterfüllung bis zum bitteren Ende, arbeiten bis zum Umfallen. Im Gegenteil. Die meisten von uns erlangen mit dem Alter eine neue Freiheit. Wir müssen nicht mehr fremdbestimmt arbeiten, um unser Leben zu finanzieren, sondern können endlich selbstbestimmt leben. Genau das sollten wir auch tun und nicht die geschenkten Jahre verrinnen lassen.

Was ich meiner Generation und den folgenden wünsche, ist eine partnerschaftliche Altersrolle. Was wir brauchen, sind Alte, die nicht nur über ihre Jugendzeit reden wollen, sondern die sich auf das einlassen, was uns als Gesellschaft gerade quält, was aktuell zu bewältigen ist, und die sich auch auf das einlassen, was Freude macht, und dazu beitragen. Ich möchte aber auch, dass die, die so alt sind wie ich, sich nicht an den Rand drängen lassen, sich nicht in eine Schublade schieben lassen. Ich möchte, dass wir Alten mit all unseren Talenten und all unseren Kompetenzen, vielleicht auch all unseren Fehlern mittendrin mitmischen, uns Verbündete suchen, Anstöße organisieren, Aufbrüche möglich machen. Den Spruch »Trau keinem über dreißig« würde inzwischen kein Achtundsechziger mehr in den Mund nehmen. Die Neugierde der Generationen aufeinander, das Interesse aneinander macht unsere Gesellschaft lebenswert. Ich habe als Schüler über ein Workcamp der Nothelfergemeinschaft der Freunde noch den berühmten Willi Hammelrath, einen der Köpfe der Vaganten der Weimarer Republik, kennen gelernt. Dieser Mann, der die Nationalsozialisten überlebte, brachte mir bravem Bremer Kleinbürgersohn seine kommunistische Nomadenkultur nahe. Oder der erste Rabbiner im Nachkriegsbremen, Max Plaut, bei dem ich versucht habe, Hebräisch zu lernen: Man muss sich bewusst machen, dass es Traditionslinien sind, die einen prägen. Literaten wie Theodor Fontane oder Heinrich Böll, Theologen wie Karl Barth oder Dietrich Bonhoeffer, Politiker wie Mahatma Gandhi oder Nelson Mandela haben mein Denken stark beeinflusst. Ich hatte nie das Gefühl, bei null anzufangen, sondern sah mich immer als Erbe einer bestimmten Kultur, als Erbe von Glaubens- und politischen Überzeugungen.

Die Menschen ausschließlich nach ihrem Alter zu beurteilen, ist unsinnig. Mich alten Sozialdemokraten verbindet sehr viel mehr mit einem jungen, linken Studenten, der sich bei Attac engagiert, als mit einem Gleichaltrigen, der die *Nationalzeitung* liest.

Vielleicht ist dieses neue Altersbild auch das Ergebnis einer gesellschaftlichen Befreiung. Wir mussten erst einmal frei werden vom deutschnationalen Mief, wir mussten erst einmal international werden, offen für die Probleme anderer. Frei, um auch im Alter frei sein zu können. Wir sind frisch im Kopf, wir sind allerdings auch nicht so verbraucht, seelisch und körperlich, wie unsere Eltern es in unserem Alter waren. Es gibt Fotos von meiner Familie, da halten zwei verhärmte, hohläugige Frauen eine Schar properer, pausbäckiger Kinder im Arm. Unsere Eltern haben zwei Weltkriege und eine Inflation erlebt, in ihrem Leben ist mehrmals alles zerbrochen. Wir wurden im Wirtschaftswunder groß, wir erlebten nie Arbeitslosigkeit, wir konnten uns aussuchen, wo wir arbeiten wollten, wir kannten nie das Gefühl, nicht gebraucht zu werden, wie es die heutige Jugend kennen lernt. Wir lebten in einer erstaunlich stabilen, friedlichen Entwicklungsphase. Ich habe bisher nur erlebt, wie es aufwärts ging. Wir sind Glückskinder. Und eine solche Lebenserfahrung macht es sicher auch leichter, optimistisch ins Alter zu gehen.

Unsere offene Nachkriegsgesellschaft hat ein freiheitliches Altersbild erst möglich gemacht. Die Aufgabe von uns jungen Alten ist es nun, diesem Bild Farbe zu geben.

3. Notwendigkeiten

Wenn ich mit meinen drei Hamburger Enkelkindern durch Ottensen spaziere – eins auf den Schultern, rechts eins an der Hand, links eins an der Hand –, dann merke ich, dass die Passanten auf so ein Bild mit Sympathie und Wohlwollen reagieren. Und egal, wohin ich blicke: Wo die Generationen aufeinander treffen, geht man in großer Harmonie und mit viel Respekt miteinander um. Etwa in den Sportvereinen, in denen ich Mitglied bin. Oder vor kurzem in einer Aufführung von Mozarts erstem Singspiel – um mich herum lauter Großeltern mit ihren Enkeln. Da war es mit Händen zu greifen, was für ein großer Gewinn es für Junge und Alte ist, miteinander zu leben. Angesichts der sozialen Probleme, die die individualisierte Gesellschaft mit sich gebracht hat, bin ich mir sicher, dass es wieder stilprägend sein kann, mit mehreren Generationen zusammenzuziehen, sich gegenseitig zu stützen und sich die Lasten des Lebens zu teilen. Die rasante Alterung der Bevölkerung wird diese Vergemeinschaftung, diese Re-Sozialisierung, eher beschleunigen.

Wer heute jedoch Bücher über die Zukunft unserer Gesellschaft in die Hand nimmt, muss fast das Gefühl bekommen, dass es in fünfzig Jahren in Deutschland zum Bürgerkrieg kommt. Bevölkerungswissenschaftler wie Herwig Birg oder Publizisten wie Frank Schirrmacher sagen Verteilungskämpfe zwischen Jung und Alt vorher, wenn nicht schleunigst politisch umgesteuert würde. Immer weniger Junge müssten für immer mehr Alte die sozialen Sicherungssysteme am Laufen halten. Für Birg ist es schon »dreißig Jahre nach zwölf«. Eine gesamte Generation – die »ausgefallene Generation« – sei ihrer Kinderpflicht nicht nachgekommen. Dieses Versäumnis lasse sich selbst unter größten Zeugungsanstrengungen nicht wieder gutmachen. Der Ökonom Meinhard Miegel sieht ein wirtschaftlich undynamisches Land voraus, eine altersmüde und daher verarmende Gesellschaft. Die Folge sei »demografisch bedingter Verteilungsstress«, schreibt Birg. In den Ring zögen die Jungen, die das Geld verdienten, gegen die Alten, die in der Überzahl seien. Die Macht des Geldes gegen die Macht der Mehrheit. Laut Schirrmacher droht der »Clash of Generations«, der Krieg der Generationen. Und als ob diese traurige Perspektive nicht genügte, verweist er auch noch auf die vielen Jugendlichen der islamischen Länder. Wem schießen da nicht die Fernsehbilder der Hassdemonstrationen von jungen muslimischen Männern durch den Kopf? Eine wütende Menge, ohne Perspektive in Beruf oder Familie, wild gestikulierend ihren Protest herausbrüllend. In seinem Buch *Das Methusalem-Komplott* montiert Schirrmacher diese beängstigenden Bilder zu einem Horrorszenario: Der Kampf der Kulturen drohe sich mit dem Kampf der Generationen zu verbinden. Das altersschwache Abendland wird vom kinderreichen Morgenland überrannt. Was für ein Pamphlet!

Die Grundannahme dieser düsteren Prognosen ist zwar richtig: Das Deutschland der Zukunft wird älter sein.

Die Lebenserwartung ist in den vergangenen zweihundert Jahren dank moderner

Medizin und besserer Lebensumstände kontinuierlich gestiegen. In den reichen Industrieländern wird die Hälfte der heute geborenen Kinder ihren hundertsten Geburtstag erleben, sagt der Demografie-Forscher James Vaupel. Und da zugleich die Zahl der Geburten in Deutschland stark zurückgegangen ist – eine Frau bekommt heute im Schnitt nur noch 1,3 Kinder –, wird der Anteil der Alten in der Gesellschaft insgesamt größer. Schon 2050 wird die Hälfte der Bevölkerung älter als 48 Jahre sein, sagen offizielle Statistiken voraus.

Aber was bedeutet das für das Zusammenleben in unserer Gesellschaft?

Die Familienforschung hat herausgefunden, dass das Zusammenleben der Generationen heute harmonischer ist denn je. Das liegt auch am demografischen Wandel. Die Familie hat sich für jeden spürbar verändert. Sie ist mit den Jahren schlanker und ranker geworden. Mit jeder Generation werden weniger Kinder geboren, und der Abstand zwischen den Generationen wird immer größer, teilweise beträgt er schon 35 Jahre. Im Extremfall vertritt jeweils ein Familienmitglied eine

Generation. Und in dieser »Bohnenstangenfamilie«, wie amerikanische Soziologen sagen, geht man anders miteinander um, als es in der geschwister- und cousinenreichen Großfamilie der Fall war. Es gibt weniger Konflikte, weil Junge und Alte in größeren zeitlichen und auch räumlichen Abständen leben. Wo keine direkte Konkurrenz und Hierarchie herrscht und wo man sich nicht unmittelbar voneinander abgrenzen muss, da lebt es sich gelassener.

Die Jungen wollen ihre Unabhängigkeit – die Alten aber auch. Dass die individuellen Interessen jedoch den Familieninteressen untergeordnet werden, zeigt das Scheitern der Partei der Grauen Panther und der Rentnerpopulistin Trude Unruh. Die allermeisten Senioren der achtziger Jahre haben die Rentenfrage als großes Problem gespürt. Dennoch waren sie nicht bereit, mit Trude Unruh auf die Straße zu gehen. Die Familie bindet die Generationen zusammen.

Es ist kein Widerspruch, wenn die Alten von heute trotzdem ihr eigenes Leben leben. Großeltern übernehmen gern Verantwortung für die Familie – aber freiwillig. »Wir helfen gern, aber gefragt werden wollen wir«, sei das Motto der heutigen Großeltern, sagt die Soziologin Helga Krüger. Ohne wechselseitigen Respekt geht in der modernen Familie also gar nichts. Das belegt auch der aktuelle Familienbericht. – So viel zum »Clash of Generations«.

Schirrmacher und Miegel warnen davor, dass künftig immer weniger Junge für immer mehr Alte sorgen müssten. Was sie dabei jedoch übersehen, ist, dass viele aus der älteren Generation immense Vermögen – sei es durch Erbschaft, sei es durch Erwerbsarbeit – angehäuft haben und von niemandem finanziert werden müssen. Der allgemeine Wohlstand in Deutschland ist heute sehr viel höher als im 19. Jahrhundert, als noch viel mehr Kinder geboren wurden.

Auch heute sind es nicht unbedingt die kinderreichen Gesellschaften, denen es am besten geht. Wohlstand ist eine Folge der Produktivität einer Gesellschaft. Noch nie in unserer Geschichte lebten so viele wohlhabende alte Menschen in diesem Land wie heute. Nach einer Studie der Dresdner Bank werden private Haushalte zwischen 2005 und

2010 rund eine Billion Euro an ihre Nachkommen vererben. Ein gigantischer Finanzfluss. Es wird auch künftig Altersarmut geben, aber dass uns die Alten pauschal auf der Tasche liegen, müssen wir nicht befürchten. Wie gut es uns allen – Jungen und Alten – künftig gehen wird, wird vielmehr davon abhängen, wie produktiv unsere Wirtschaft sein wird – und warum soll dies nicht auch mit einer älteren Belegschaft zu leisten sein?

Die Pessimisten skandalisieren, dass wir weniger Kinder gebären und dass die deutsche Gesellschaft schrumpft. Was soll die Antwort auf ein solches Endzeitszenario sein? Sehnt sich ernsthaft jemand nach einer aktiven Bevölkerungspolitik, nach dem starken Mann, der mehr Kinder anordnet? Im 19. Jahrhundert gab es weniger als fünfzig Millionen Deutsche – wieso muss man angesichts einer schrumpfenden Gesellschaft kopflos werden? Diese demografischen Horrorszenarien kranken daran, dass sie auf eine rein nationale Perspektive beschränkt sind. Sie fördern nicht gerade den rationalen Umgang mit dem Problem, denn sie blenden aus, dass es noch eine globale Dimension der Bevölkerungsdebatte gibt. Bereits in der Nachkriegszeit haben der Sozialwissenschaftler Gerhard Mackenroth und mit ihm viele andere vor der Bevölkerungsexplosion gewarnt. Die Erde ist schließlich nicht beliebig vergrößerbar, und schon jetzt haben wir ein dramatisches Ressourcenproblem – Wasser und Öl werden knapp, Nahrung wird unbrauchbar durch Umweltverschmutzung.

Darauf kann nur eine Kultur der Geburtenregulierung die Antwort sein. Überall zeigen sich erste Ansätze einer Entwicklung in diese Richtung. Länder wie Thailand oder Malaysia, die in den vergangenen Jahren einen ökonomischen Aufschwung erlebten, haben inzwischen zu sehr kontrollierten Geburtenzahlen gefunden – und zwar nicht deswegen, weil es der Staat angeordnet hätte wie in China. Nein, diese gut ausgebildeten und ordentlich verdienenden jungen Thais und Malaysier – übrigens viele Muslime – verhalten sich anders als ihre Großeltern und Urgroßeltern. Wer eine gesicherte Lebensperspektive hat, wer weiß, dass er in Ruhe und Wohlstand alt werden kann, der muss keine fünfzehn Kinder in die Welt setzen. Letztlich ist dies eine Entwicklung, die auch den Kindern selbst zugute kommt. Wenige können umsorgt und behütet im Wohlstand aufwachsen. Weltpolitisch betrachtet ist der Weg, der dort eingeschlagen wurde, also richtig.

Die zentrale Frage ist künftig, ob es einen Ausgleich zwischen den zurückgehenden Kinderzahlen der Industrieländer und den immer noch steigenden Kinderzahlen der Entwicklungsländer geben kann. Deutschland ist seit Jahrzehnten ein Einwanderungsland, ohne dass dies Politik und Öffentlichkeit wahrhaben wollten. Es war ein äußerst schwieriger Prozess für unser Land, diese Tatsache zu akzeptieren. Jetzt gilt es zu begreifen, dass Deutschland ohne seine Migranten heute demografisch betrachtet noch schlechter dastünde. Wir müssen die Einwanderer als Gewinn betrachten und nicht als Gefahr.

Jahrzehntelang haben wir sie ignoriert, und nun bekommen wir die Quittung. Die Bilanz unserer Integrationsarbeit fällt jämmerlich aus – die Pisa-Studien belegen es. Viele jugendliche Migranten brechen die Schule ab, erlangen keine formalen Qualifikationen oder sind arbeitslos. Angesichts einer schrumpfenden und alternden Gesellschaft können wir es uns gar nicht leisten, unsere Migrantenkinder nicht anständig auszubilden. Diese Integrationsopfer endlich in unsere Gesellschaft aufzunehmen, sollte zu einem Projekt werden, in das wir wirklich unseren Ehrgeiz setzen. Warum gibt es hierzulande immer noch so wenige türkischstämmige Polizisten? Warum gibt es immer noch so wenige Lehrer, deren Vorfahren aus Griechenland oder Bosnien kommen? Warum sitzen in den Ausländerbehörden so oft missgelaunte deutsche Beamte den Migranten gegenüber? Warum können wir nicht wenigstens für Studenten aus dem Ausland die ausländerpolizeilichen Zuständigkeiten an die Ausbildungseinrichtungen delegieren, wie dies die Hochschulen in Bremen seit Jahren praktizieren? Die Universitäten wollen die jungen lernbereiten Fremden doch aufnehmen, auch um ihre eigene Ausbildung zu internationalisieren. Diese Studenten leben uns vor, dass Vielsprachigkeit, Auslandsaufenthalte und Diplome aus anderen Ländern hohe Kompetenz und große Berufschancen eröffnen. Wir sind auf sie angewiesen. Wenn wir Glück haben und uns die Integration insgesamt gelingt, dann werden wir vielleicht in Zukunft auch wieder attraktiv für Einwanderer.

Auf lange Sicht ist die einzig vernünftige Antwort auf die schrumpfenden Industriegesellschaften und die wachsenden Elendsgesellschaften eine Weltinnenpolitik mit Gesellschaften, die durchlässig sind auch für die Mitglieder anderer Gesellschaften. Dann ist auch eine schwindende deutsche Bevölkerung kein Problem. Das heißt nicht, dass man sich den Anpassungsproblemen verschließen sollte, die eine alternde Gesellschaft mit sich bringt. Aber mit Panikmache ist niemandem geholfen.

* * *

Wir sind eine Gesellschaft, deren Mitglieder immer älter werden, und zugleich sind wir eine Gesellschaft, die ihre älteren Mitglieder massiv diskriminiert.

Das Bildungssystem widmet sich bislang nur denen, die noch arbeiten. Den Älteren bleibt Amüsement: Wer Geld hat, landet auf einem Musikdampfer, und wer keins hat, dem wird bei Kaffee und Kuchen eine Geschichte vorgelesen. Von Themen, die den Kopf anstrengen und trainieren, und Veranstaltungen, die das Lerninteresse auch im Alter berücksichtigen, wissen nur wenige.

Die Architektur hat die Alten ghettoisiert. Der klassische Wohnungstyp ist auf die Kleinfamilie zugeschnitten. Ich begreife es als eine fatale Gedankenlosigkeit, dass Altgewordenen der Wunsch verbaut wurde, unter einem Dach (wenn auch nicht an einem Kochtopf) mit Jüngeren oder auch Kindern und Kindeskindern zu leben. Und die Pflege fertigt die alten, hilfebedürftigen Menschen im Minutentakt ab und sperrt sie in Ein- bis Zweibettzimmer. In meiner Zeit als Sozialsenator habe ich viele alte Menschen in Not erlebt, die nur ins Pflegeheim gingen, weil sie keinen anderen Weg sahen. 1970 schildert Simone de Beauvoir in ihrem berühmten Essay *Das Alter* einen bedrückenden Besuch in einem Pariser Altenheim – drei Stockwerke mit zweihundert pflegebedürftigen Greisen zwischen Klosettstühlen und Verwirrtheit.

Wir müssen alles dafür tun, damit diese Art von Pflege nicht unsere Zukunft sein wird.

Langsam findet jedoch ein Umdenken statt. Die Massenmedien diskutieren das Alter mittlerweile auch als Chance und nicht nur als Schicksal. Zeitschriften für ältere Menschen werden gegründet. Vorbei die Zeiten, in denen nur junge schöne Menschen uns von den Titelblättern anlächelten. Ich kenne Models, die noch mit siebzig auf den Laufsteg gehen und dort gefeiert werden. Die großen Kaufhäuser stellen sich auf die älter werdende Kundschaft ein – und werben um diese kaufkräftige Schicht. Weltweit sind ergraute Touristen unterwegs, machen Urlaub und entdecken Fremdes – früher undenkbar. Und auch in der Wirtschaft findet man – vereinzelt noch – wieder Alte, die hoch respektiert werden. Hans-Dietrich Genscher ist so ein Beispiel. Er ist Mitglied einer Bremer Anwaltskanzlei und von unschätzbarem Wert für seine Sozietät – wegen seiner Kontakte und seiner Erfahrung. Wir haben in Bremen seit Jahren ein »First-Tuesday-Meeting«. Dort treffen sich hunderte junger potentieller Selbständiger, die meisten von ihnen mit Hochschulabschluss und patentgeeigneten Plänen in der Tasche, mit älteren wohlhabenden Menschen, um sich zusammenzutun. Es ist nicht immer nur das Geld, sondern oft die Lebenserfahrung, die Marktkenntnis, die Vernetzungskompetenz, die Ältere so attraktiv macht.

Selbst an avantgardistischen Theatern wie der Berliner Volksbühne, wo man meinen sollte, auf ein rein jugendliches Publikum zu stoßen, mischen sich die Generationen. Die Erkenntnis scheint durchzusickern: Ein Land, das einen solchen Altersdruck erlebt, kann es sich nicht leisten, die Alten zu stigmatisieren. Wir verabschieden uns gerade vom Jugendwahn. Und das wird auch Zeit.

* * *

Die Politik verwaltet heute den Mangel. Die Nullrunden bei den Renten, die Einführung der Praxisgebühr, die anstehende Neuordnung der Pflegeversicherung – das alles sind Versuche, den Sozialstaat in seiner jetzigen Form ins nächste Jahrzehnt zu sparen. Die Zeiten, in denen die Sozialkassen gut gefüllt waren, sind vorbei. Unsere jetzigen Schwierigkeiten, generelle Risiken wie Krankheit, Alter oder Pflegebedürftigkeit abzusichern, zeigen: Unsere Politik hinkt der demografischen Entwicklung hinterher.

Die bisherige soziale Absicherung kann nicht mehr funktionieren, wenn immer weniger Menschen einzahlen und immer mehr kassieren. Damit ich nicht missverstanden werde: Ich bin kein Anhänger des chilenischen Modells, wo ein kompletter Systemwechsel stattgefunden hat. Dort werden die Sozialversicherungen nicht mehr über einkommensbezogene Beiträge finanziert, sondern jeder versichert sich privat. Für unsere gigantischen Sozialversicherungsetats, die in den westeuropäischen Volkswirtschaften den größten Anteil des Budgets ausmachen, ist das keine Alternative. Ich bin dafür, unser Sozialstaatsmodell zu erhalten und zu konsolidieren. Schließlich ist es auch eine zivilgesellschaftliche Errungenschaft. Eingeführt von Bismarck, hat das deutsche Sozialsystem zwei Weltkriege, die Inflation und den Naziterror überstanden. Und nun, da wir fünf Millionen Arbeitslose und eine kopfstehende

Bevölkerungspyramide haben, soll das plötzlich nichts mehr taugen? Nein, wir brauchen eine stufenweise, behutsame Weiterentwicklung unseres Sozialversicherungssystems. Es bleibt uns auch gar nichts anderes übrig, wollen wir nicht Gefahr laufen, ganze Generationen von Einzahlern faktisch zu enteignen.

Die sozialen Sicherungssysteme müssen auch aus einem anderen Grund umgebaut werden, der nur lose mit der Demografie zusammenhängt. Wir werden den Abschied von der »nivellierten Mittelstandsgesellschaft« und damit eine tiefere Kluft zwischen Arm und Reich erleben. Parallel zu der staatlichen Absicherung hat sich ein privates System der Absicherung entwickelt. Millionen-Vermögen werden über die Familien weitergegeben – ein Geldtransfer, der jenseits der Öffentlichkeit stattfindet. Während wir die Ansprüche gegenüber den Sozialversicherungssystemen einigermaßen vergleichbar halten konnten, wird dies bei den Erbschaften nicht gehen. Wo heute weit verbreiteter Wohlstand auf gleich hohem Niveau herrscht, werden sich künftig Differenzen bilden. Auf uns kommt eine Generation der Patchworker mit gebrochenen Erwerbsbiografien zu. Ererbtes Geld wird in beruflichen Durststrecken aufgebraucht werden, das private Vermögen schrumpft. Das Ergebnis kann eine neue Form von Altersarmut sein – wenn wir nicht dagegenarbeiten. Ein Beispiel: Die jetzigen Rentner in Ostdeutschland sind die eigentlichen Gewinner der Wiedervereinigung. Sie erhalten aufgrund ihrer langen Erwerbsjahre Renten, die sie in der DDR nie bekommen hätten. Die künftigen Rentner in Ostdeutschland werden die Verlierer sein. Sie stecken schon seit Jahren in Arbeitslosigkeit und werden als Rentner finanziell einbrechen. Ihren Enkeln etwas vererben? Für sie gar nicht denkbar. Auf uns wird also eine neue Unterschiedlichkeit im Rentenalter zukommen.

* * *

Ich will, dass wir uns den Problemen stellen, die mit den Sozialkassen, einer neuen Altersarmut und der Pflege zusammenhängen. Und wir können uns ihnen stellen!

Eine Möglichkeit, der ich schon länger anhänge, ist das Modell der Grundsicherung.

Hierbei sorgt der Staat mit Steuergeldern dafür, dass niemand unter ein gewisses finanzielles Niveau fällt. Niemand wird mittellos – egal, ob er arbeitslos war oder sein Leben lang gearbeitet hat. Die Grundsicherung steht jedem zu. Und wer im Alter mehr als dieses Grundbudget haben will, muss eben dafür arbeiten oder Rücklagen bilden. Dass eine Steuerfinanzierung sozialer Aufgaben möglich ist, hat die Benzinsteuer gezeigt. Es wird zur Zeit heftig um eine höhere Erbschaftssteuer oder eine Wiedereinführung der Vermögenssteuer gerungen. Ich sehe Lösungsmöglichkeiten, wenn die in Betriebe, und das heißt in Arbeitsplätze, reinvestierten Erbschaften und Vermögen von der Versteuerung ausgenommen werden. So schafft der eine durch Arbeitsplätze eine Überlebensperspektive für unsere durch Globalisierung und Automatisierung bedrohte Beschäftigungsgesellschaft, während der andere über die Besteuerung mit einem Teil seines Vermögens, insbesondere eines durch Erbschaft erworbenen Vermögens, an der gesamtgesellschaftlichen Riesenaufgabe, die Zivilgesellschaft zu stärken und auszubauen, beteiligt wird.

Zu der steuerfinanzierten Grundsicherung müssen weitere Bausteine hinzukommen. Da gibt es den Baustein der Erwerbsjahre, für die in die Rentenkassen eingezahlt wurde. Und da gibt es den Baustein der privaten Vorsorge. Die Riester-Rente gehört hierzu. Für die private Vorsorge könnten wir nach amerikanischem Vorbild Pensionsfonds schaffen, die weltweit nach hohen Renditen suchen. Mit diesen Gewinnen finanzieren sie dann ihre laufenden Kosten und kommen ihren Zahlungsverpflichtungen gegenüber denen nach, die alt geworden sind. Aber es muss sicherlich noch zusätzliche Bausteine geben.

Auch was die Verteilung der Renten angeht, bin ich für eine Korrektur. Warum können wir nicht stärker als bisher oder überhaupt honorieren, dass viele von uns Kinder erzogen oder Angehörige gepflegt haben?

Um die durch Umlage finanzierten Renten jedoch weiterhin bezahlen zu können, sehe ich vor allem einen Weg: länger arbeiten. Ein erster Schritt ist mit der Heraufsetzung der Rentengrenze auf 67 Jahre bereits getan. Mir ist bewusst, dass dieses Thema unter Experten wegen der hohen Arbeitslosigkeit umstritten ist. Auf die Bedingungen und auf den richtigen Zeitpunkt kommt es an. Aber ich möchte eine längere Lebensarbeitszeit nicht allein unter dem Zwang des Sanierens diskutieren. Sieht man sich die Statistiken des Bundes an, wird schnell deutlich, dass nur noch gut vierzig Prozent der Deutschen im Alter von 55 bis 64 erwerbstätig sind. Die anderen befinden sich bereits in einer Art Schwebezustand zwischen Arbeit und Rente. Sie stecken in Vorruhestand, arbeitsmarktpolitischen Maßnahmen oder Arbeitslosigkeit. Dabei wird dieser erzwungene Ruhestand vor dem Ruhestand immer länger. Zu überbrücken sind im Durchschnitt derzeit 4,6 Jahre – Tendenz steigend. Wie oft wird dieses vorzeitige Ausscheiden aus dem Beruf als Verlust des sozialen Status empfunden – vor allem von denjenigen (meist Männern), die allein für das Familieneinkommen zuständig waren und dafür Anerkennung und Respekt bekommen haben! Was tut jemand, der jahrelang morgens zum Stahlwerk oder Hafen gegangen ist und sich plötzlich zu Hause wiederfindet? Da ist doch gar kein Platz für ihn, die Frau hat den Haushalt im

Griff, und die Kinder sind erwachsen. Ich kenne viele dieser Abgeschobenen: Ein paar gehen auch nach der Kündigung wie immer morgens um sechs Uhr aus dem Haus, verbummeln den Tag auf der Parkbank, lernen die Zeitung auswendig, laufen durch die Stadt und gehen abends wieder nach Hause. Sie simulieren Arbeit. Welch ein dramatischer Verlust von Identität und sozialer Rolle! Angesichts der Nöte, die das vorzeitige Verdrängen aus den Betrieben auslöst, ist es höchste Zeit, gesellschaftliche Gegenstrategien zu entwickeln. Man muss diesen Menschen deutlich machen, dass sie noch gebraucht werden. Es ist bitter, wenn man den Job verliert, aber man verliert ja nicht seine Begabungen und sein Können.

Auch wegen dieser Schicksale geht es mir um eine neue Kultur, die Arbeiten im Alter möglich macht – zum Gewinn für die Gesellschaft, die nicht beliebig viele Rentner wird finanzieren können, aber vor allem zum Gewinn für den Einzelnen, der sich nicht nutzlos und allein gelassen fühlen muss.

* * *

Bis in die achtziger Jahre war unser Altenbild durch die Industriearbeit geprägt. Wer lange und schwer am Band oder unter Tage gearbeitet hatte, sollte möglichst früh in seinen verdienten Ruhestand, um noch ein paar schöne Jahre zu haben. Gerade wir Sozialdemokraten wollten die Malocher von ihrer Last befreien. Inzwischen ist die Industriearbeit dramatisch zurückgegangen; die Vorruhestandsregelungen waren ja auch eine Reaktion auf die knapper werdende Arbeit in diesem Sektor. Wir leben in einer Dienstleistungsgesellschaft – die Arbeit am Computer hat die Arbeit am Band abgelöst. Und nun beginnt diese neue Arbeit auch unser Altenbild zu bestimmen. Die Dienstleister, die Erzieher, Sozialarbeiter oder Computerexperten, sind mit 65 Jahren noch lange nicht müde. Keine Generation war je so vital und gesund wie die so genannten jungen Alten von heute, Menschen zwischen sechzig und achtzig Jahren. Heute gibt es jede Menge Leute, die motiviert bis zum Schluss arbeiten und die sich, wenn man sie ansprechen würde, auch nach der Pensionierung noch gerne einbringen würden.

Ein starres Heraufsetzen der Pensiongrenze ist aber nicht die Lösung. Hier muss man sensibel vorgehen. Es gibt Leute wie mich, die mit 67 Jahren fitter sind, als sie es mit 57 Jahren waren, und die sich noch gerne strapazieren lassen. Es gibt aber auch Leute, die lange Schichtarbeit geleistet haben und die wirklich ausgebrannt sind. Burn-out ist ja nicht nur ein psychologisches Problem überforderter Lehrer, sondern auch ein immer größer werdendes Problem von Menschen, die durch lange, schwere körperliche Arbeit am Ende ihrer Kräfte sind. Bei der Pensionierung müssen wir die unterschiedlichen Biografien und Gesundheitszustände berücksichtigen. Wer krank oder ausgebrannt ist, muss früher in Rente gehen dürfen als jemand, der noch Kraft hat. In diesem Zusammenhang sollten regelmäßige Gesundheits-Checks – in den Betrieben, in den Kommunen – eingeführt werden. Gerade für Männer, die ungern zu Vorsorgeuntersuchungen gehen, wären solche Reihenuntersuchungen gut. Es ist ein großer Fehler, den Bereich der öffentlichen Gesundheitsvorsorge immer stärker zurückzufahren: für den Einzelnen, der zu lange beruflich strapaziert wird oder erst spät von seiner Krankheit erfährt und dann womöglich dramatisch krank wird, und für die Gemeinschaft, die dann die hohen Therapie- und Rehabilitationskosten tragen muss. Ich meine, dies ist uns allen zuzumuten, und das Geld, das hier investiert werden müsste, zahlt sich aus. So wäre auch eine längere Lebensarbeitszeit möglich, ohne dass der Einzelne ausgebeutet würde.

Arbeiten bis ins hohe Alter erscheint mir aber nur möglich, wenn wir uns endlich von der starren Abfolge Ausbildung – Arbeiten – Familie – Rente lösen. Der Altersforscher Paul Baltes nennt dies den Abschied von der »alterssequenzierenden Gesellschaft«. Wir brauchen ein stärkeres Durch- und Nebeneinander dieser Lebensabschnitte, um dem »Lebensstau« der Zwanzig- bis Vierzigjährigen, die alles zugleich leisten müssen, entgegenzuarbeiten – eine Maßnahme, die übrigens unsere Gesellschaft zugleich auch kinderfreundlicher machen würde. Hier können wir von den so genannten »gebrochenen Biografien« der Frauen lernen, die immer noch zu einem großen Teil die Familienlast tragen. Wer diese Biografien genau studiert, wird zu der Erkenntnis kommen, dass in Wahrheit dadurch, dass die Erwerbsarbeit unterbrochen oder zumindest reduziert wird, um Kinder zu erziehen oder Angehörige zu pflegen, enorme Fähigkeiten mobilisiert werden, die wir in unserer Gesellschaft dringend brauchen: soziale Kompetenz, hohe Belastbarkeit, die Konzentration auf das wirklich Wichtige. Diese Lebensarbeit müssen wir honorieren, wir dürfen nicht diejenigen, die sich so engagieren, noch zusätzlich bestrafen, indem wir ihnen keine Chancen auf dem Arbeitsmarkt lassen. Was das bedeutet? Unser Arbeitsleben muss durchlässiger werden. Die Soziologin Helga Krüger spricht in diesem Zusammenhang von einem »Optionszeitenmodell«. Wer mit Erziehung oder Pflege beschäftigt ist, dem müssen Optionen auf Weiterarbeit oder Weiterbildung eröffnet werden – ohne dass er überfordert wird. Denn nur dann wird der Einzelne auch in der Lage sein, länger zu arbeiten. Das Leben lässt sich nun einmal nicht zwischen Büroöffnungszeiten pressen.

Wir brauchen eine neue Kultur der Arbeit. Arbeit im Alter kann nicht ein einfaches Weiter-So im selben Beruf sein. Wir müssen vielmehr eine altersgerechte Arbeit entwickeln. Altersforscher haben festgestellt, dass ältere Arbeitnehmer ähnlich produktiv sind wie Jüngere. Sie werden zwar langsamer, lernen auch langsamer, aber diese Nachteile gleichen sie durch ihre größere Erfahrung aus. Und: Ihre soziale Kompetenz nimmt zu. Auf solche Erkenntnisse müssen Firmen Rücksicht nehmen. Warum beschäftigt man nicht wie in Japan ältere Arbeitnehmer als Berater? Warum gibt man ihnen nicht einen neuen Arbeitsplatz in der Firma, wo sie ihre Kompetenzen besser einbringen können?

Zu einer neuen Kultur der Arbeit gehört auch, rechtzeitig berufliches Umsteigen zu ermöglichen, bevor jemand ausgebrannt ist. Warum sollte eine Erzieherin nicht auch als Lehrerin arbeiten können, wenn man sie entsprechend qualifiziert – und umgekehrt? Dazu gehören auch Auszeiten für ältere Arbeitnehmer. Wie man alt wird, hängt davon ab, welche Kompetenzen man sich vorher erarbeitet hat, haben Forscher festgestellt. Deshalb muss Altenpolitik immer auch eine Lebenslaufpolitik sein, sagt die

Soziologin Helga Krüger. Man braucht Programme, die die Erwerbsphase mit der Rentenphase verbinden, damit niemand ins Nichts stürzt. In den Niederlanden gibt es so etwas bereits – dort bekommt man als Arbeitnehmer eine Auszeit, wenn man etwa in einem sozialen Projekt arbeiten möchte.

Zu einer neuen Kultur der Arbeit gehört auch die Möglichkeit, sich lebenslang zu bilden. Die Universitäten, Volkshochschulen und Akademien machen es ja bereits vor. Hier gibt es spezielle Angebote für Ältere, die sich bilden wollen. Was bislang noch unterentwickelt ist, ist die betriebliche Bildung für ältere Mitarbeiter. Inzwischen sind die Produktionsverfahren reichlich kurzatmig, eine Druckerei oder ein Autozulieferer muss alle paar Jahre umstellen, um mit der Entwicklung Schritt halten zu können. Entsprechend müssen die Mitarbeiter geschult werden. Bislang wird hier in die Älteren nicht mehr investiert. Aber das wird sich ändern. In dem Maße, in dem Fachkräfte wieder gesucht werden, werden die Firmen darauf kommen, dass es von Vorteil ist, auch ihre älteren Arbeitnehmer zu qualifizieren.

Und zu einer neuen Kultur der Arbeit gehört auch, dass wir uns von der bisher üblichen Altershierarchie – wer am längsten im Beruf ist, muss am höchsten auf der Karriereleiter stehen – verabschieden. In meiner Zeit als Justizsenator haben wir in der senatorischen Dienststelle die gesamte Hierarchie abgeschafft. Gearbeitet wird seitdem in Teams. Und da ist es dann wichtig, um welche Aufgaben man sich gruppiert, und nicht, wie lange jemand schon dient. Über die jeweilige Aufgabe wird definiert, wer welchen Beitrag dazu leisten kann – das Alter spielt plötzlich keine Rolle mehr. Diese Arbeitsweise hat sich inzwischen auch in jedem großen Planungs-, Dienstleistungs- oder Anwaltsbüro durchgesetzt. In dem Anwaltsbüro in Bremen etwa, in dem ich früher gearbeitet habe, werden die Älteren nicht nach Hause geschickt. Im Gegenteil, sie sind für das Akquirieren, für die Außenkontakte und das Begleiten der wichtigen Mandanten verantwortlich. Die jungen Anwälte arbeiten dafür die Prozesse und Verhandlungen ab. So entwickelt sich langsam eine neue Arbeitsstruktur, die auch den Älteren einen Platz gibt.

Arbeit im Alter kann nur individuell auf den Einzelnen zugeschnitten sein. Starre Tarifnormen oder generelle Betriebskonzepte werden an ihre Grenzen stoßen. So differenziert Arbeit im Alter aussehen muss, so differenziert müssen auch Bezahlung und Umfang der Arbeit sein. Wie viel jemand noch leisten kann oder will, hängt sehr davon ab, welche Ausbildung der Betreffende hat, wo er gearbeitet hat und ob er während seines Arbeitslebens sich weitergebildet und weiterqualifiziert hat. Nur wer sein Berufswissen immer wieder auffrischt, wird auch in der Lage sein, altersbedingten Einschränkungen angemessen zu begegnen, und kann die Arbeit an den eigenen körperlichen und intellektuellen Grenzen orientieren. Es gibt Branchen, sei es im Handwerk oder im Schichtbetrieb der Krankenpflege, in denen muss man körperlich fit sein, um seiner Arbeit nachgehen zu können. Hier wird die Arbeit, die der Alte leistet, nicht so aussehen können wie die Arbeit, die der Junge leistet. Ein alter Dachdeckermeister muss mit siebzig Jahren nicht mehr aufs Dach klettern. In einem Handwerksbetrieb gibt es genügend Aufgaben, für die man nicht mehr schwindelfrei und topfit sein muss. Es wäre aber eine Entlastung für den Betrieb, wenn der alte Chef die Abrechnung übernimmt oder wenn er mit den soliden Kunden, die seit Jahren mit der Firma zusammenarbeiten, Kontakt hält und Aufträge einsammelt. Nur durch ihre Dienstleistung und ihr Know-how können die Handwerksbetriebe heute noch mit den Baumärkten konkurrieren.

Es gibt Branchen, im Computerbereich oder in Ingenieursberufen, da verfällt das Ausbildungswissen sehr schnell. Wer hier nicht ständig auf dem Laufenden bleibt, kann bald seinen Aufgaben nicht mehr gerecht werden. Und es gibt Branchen, in denen wächst das Wissen mit den Berufsjahren. Bei den Psychoanalytikern etwa sind oft die alten die besseren. In so einen Beruf wächst man durch Lebenserfahrung hinein. Wer viele Stresssituationen bewältigt und Lebens- und Berufserfahrung gesammelt hat, der wird gelassener, entspannter, sicherer – und kann anderen besser helfen.

Kluge Arbeitgeber richten sich schon jetzt auf einen Mangel an Fachkräften ein. Qualifizierte Mitarbeiter zu halten, wird in absehbarer Zeit eine Existenzfrage für Betriebe sein. In zehn, fünfzehn Jahren, spätestens jedoch wenn die Generation der Babyboomer in Rente geht, werden wieder gut ausgebildete Arbeitnehmer gesucht. Fachleute gehen davon aus, dass 2015 bereits sieben Millionen Fachkräfte fehlen werden. Und dann werden sich die Firmen auf die Frauen und auch auf die Älteren konzentrieren. Es wird zunehmend Betriebskindergärten und Einkaufsdienste geben.

Ich kenne eine Reihe von Firmen, die schon jetzt bemüht sind, ihre älteren Mitarbeiter zu halten. In jenen Firmen haben die Älteren in der Regel fest umrissene Aufgaben, die individuell ausgehandelt werden. Die Älteren arbeiten die Jüngeren ein und begleiten sie über einen längeren Zeitraum: ein Prozess, in dem der Ältere noch einmal seine gesamte Kompetenz einbringen und der Jüngere sich in die neue Position einleben kann. Dass dieses ein äußerst profitables Verfahren ist, kann man an vielen Familienunternehmen beobachten – zum Beispiel an einer Firma aus Bremen, die industrielle Feuerungsanlagen für den Weltmarkt herstellt. Die Firmenleitung haben inzwischen Tochter und Sohn übernommen, aber der Seniorchef, Mitte siebzig, arbeitet noch immer an zentraler Stelle mit. Er ist derjenige, der die langjährigen Kunden betreut, die ihn kennen und ihm vertrauen. Er übernimmt die Außentermine, die mit aufwändigen Reisen verbunden sind. Der Alte berichtet dann seinen Nachfolgern, was die Kunden sich vorstellen, und die Jungen entwickeln die Antworten darauf. Je nach Belastbarkeit und Neigung kann er sich schrittweise aus dem aktiven Geschäft zurückziehen, ohne dass es zu einem Bruch kommt. Hier hat sich eine Arbeitsteilung zwischen den Generationen entwickelt, aus der für die Firma ein zusätzlicher Nutzwert entstanden ist. Bei dieser Firma ist es der alte Chef, der noch aktiv ist, aber ich kenne auch Mittelständler, bei denen die leitenden Angestellten über das Rentenalter hinaus arbeiten. Bei einem der größten Holzhändler der Republik, der Hölzer für den Innenausbau liefert, arbeiten eine ganze Reihe älterer Prokuristen weiter. Und die Firma Lürssen, die Yachten in alle Welt verkauft, hält ihre verdienten Meister, Vorarbeiter und Ingenieure, solange sie wollen. Es gehört gewissermaßen zum Image dieser Firma, dass die Mitarbeiter die Kunden schon seit Jahren kennen und auf deren Wünsche eingestellt sind.

Was bei den leitenden Angestellten und den Polieren, beim Management und in den Chefetagen geht, muss doch auch auf der Mitarbeiterebene möglich sein. Ich habe als Werkstudent ein halbes Jahr lang in der Kettenindustrie in Ergste an der Ruhr gearbeitet. Dort haben wir im Akkord Ketten geschweißt, und als die Aufträge trotz Zwölf-Stunden-Schichten tags und nachts immer noch nicht abzuarbeiten waren, haben die Chefs die alten Schmiede aus der Region zusammengetrommelt. Das Erkennungszeichen dieser ehemals selbständigen Schmiedemeister war ein kahlgeschorener Schädel, nur an der Stirn stand eine kleine Bürste. Diese alten Männer ließen dann ihre Schrebergärten Schrebergärten sein, banden sich die Lederschürze um und packten mit an. Unsere Wirtschaft hat verlernt, auf solche fitten, alten

Belegschaften zurückzugreifen. Noch sind es eher kleine Betriebe oder Familienunternehmen, die ihre älteren Mitarbeiter zu schätzen wissen.

Selbst in den öffentlichen Einrichtungen, in Kindergärten, Schulen und Volkshochschulen, ist Altenarbeit möglich. In Bremen arbeiten wir mittlerweile mit einem Pool von älteren Mitarbeitern, die Krankheitsausfälle und andere Fehlzeiten überbrücken. Dieses Modell haben wir im Zuge des Konzepts der »verlässlichen Schule« entwickelt. Die Leitung bekommt jeweils ein kleines Budget, aus dem sie ihre Vertretungen zahlt. Wer klug ist, hält Kontakt zu den ehemaligen Kollegen, die die Schule ganz genau kennen und wissen, was erforderlich ist. Es müssen aber nicht unbedingt ausgebildete Lehrer sein, die den Unterricht leiten. Es gibt freie Musiker, die Chöre leiten und Aufführungen zustande bringen, auf die die gesamte Schule stolz ist. Es gibt Sportler, die ihr Leben lang als Übungsleiter in Vereinen gearbeitet haben und die großartig mit Kindern umgehen können. Es gibt ehemalige Gärtner, die mit den Schülern einen Nutzgarten anlegen können, durch die manche Kinder erst lernen, dass man Grünzeug pflegen muss, damit es wächst, und dass man nicht überall seinen Müll hinschmeißen darf. Manchmal sind diese Externen die einzigen Männer in einem Grundschulkollegium – und für Kinder ist es nun einmal sehr wichtig, dass sie auch männliche Bezugspersonen haben. Es ist doch fabelhaft, wenn diese Person dann vielleicht ein alter, verlässlicher Gärtner ist, der mit den Kindern zusammen arbeitet!

Dieses Modell ist auch auf die Universitäten übertragbar. Ich hatte während meines Studiums wunderbare alte Professoren. Einer, den ich sehr verehrt habe, war Fritz Pringsheim, der Schwager von Thomas Mann. Martin Heidegger, der brillante Philosoph und zugleich nazitreue Rektor der Freiburger Universität, sorgte 1933 dafür, dass der jüdische Pringsheim gehen musste. 1946 ist der Gelehrte dann aus seinem Oxforder Exil an seinen Freiburger Lehrstuhl zurückgekehrt. In den fünfziger Jahren hatte ich Vorlesungen bei ihm in Internationalem Privatrecht. Damals war Pringsheim schon um die 85 Jahre alt. Ein zarter, kleiner

Mann, ein herausragender Intellektueller mit einer dünnen Greisenstimme – man musste sich schon in die erste Reihe setzen, um ihn verstehen zu können. Ich habe diesen Mann bewundert, für mich hat er das große jüdische intellektuelle Erbe verkörpert, das die Nationalsozialisten zerstören wollten.

Und heute? An der International University in Bremen gibt es mittlerweile einen eigenen Fachbereich, der sich ausschließlich damit beschäftigt, junge Leute in der Zusammenarbeit mit älteren Mitarbeiterinnen und Mitarbeitern in Firmen, in Institutionen oder in Projekten zu schulen. Das Studium am »Jacobs Center for Lifelong Learning and Institutional Development« ist interdisziplinär, es reicht von Psychologie über Kulturwissenschaften bis zu Management und Kommunikation. In diesem Fachbereich geht es nicht nur um ein theoretisches Konzept. Hier werden künftige Belegschaften für den Markt trainiert. Nicht umsonst wird dieser Fachbereich von Firmen finanziell unterstützt. Die Jacobs AG, der Hauptsponsor, entdeckt mit ihrer Vermittlungsfirma Adecco gerade die ältere Arbeitnehmerschaft. Gut wäre es, wenn die Universität, die einen Studiengang etabliert hat, in dem es um die Kompetenz der älteren Arbeitnehmer geht, ihre eigenen altgedienten Professoren noch besser integrierte. Zur Zeit halten emeritierte Professoren dort nicht einmal mehr zwei Lehrveranstaltungen pro Woche ab.

In den großen Wirtschaftsunternehmen gibt es diese Kultur der Altersarbeit – noch – nicht. Doch in Zukunft werden wir wieder auf die Alten zurückgreifen müssen, um die Produktionsleistung unserer Wirtschaft halten zu können. Noch drängen allerdings landesweit unsere Betriebsräte auf das Einhalten der Rentengrenze, noch drängen genügend junge Kollegen nach. Durch die Massenarbeitslosigkeit ist der öffentliche Druck auf die alten Mitarbeiter über die Jahre derart gewachsen, dass jeder schon freiwillig so früh wie möglich geht, damit nur die Jungen schnell von der Straße kommen.

In manchen Branchen zeigt sich allerdings bereits ein Wandel. Krankenschwestern und -pfleger werden händeringend gesucht. In der Flugzeugindustrie und Seeschiffahrt wurden jahrelang zu wenig Flugzeugbauer und Kapitäne ausgebildet; jetzt versucht man verzweifelt, die alten Mitarbeiter zur Weiterarbeit zu motivieren. Allein in Bremen sucht der Konzern EADS, der den Airbus baut, rund sechshundert Flugzeugentwickler. Unser Arbeitsmarkt differenziert sich. Es gibt immer noch die gut ausgebildeten Architekten, Journalisten oder Juristen, die keinen Job finden – und zugleich Branchen, in denen Akademiker gesucht werden. Es gibt die fünf Millionen Arbeitslosen – und zugleich Handwerksmeister, die keinen Nachfolger für ihren Betrieb finden. Eines steht fest: Der Arbeitsmarkt der Zukunft wird ohne die Alten nicht mehr auskommen.

* * *

Die Lebensstile alter Menschen ändern sich. Wir müssen lernen, die Alten nicht auf ein unterforderndes Amüsierleben und danach auf ein massenhaft zu versorgendes Pflegeproblem zu reduzieren. Weil alte Menschen teilhaben wollen an unserer Gesellschaft, müssen wir in unterschiedlichen Bereichen ein Arbeiten über das gesetzliche Rentenalter hinaus zulassen. Wir Älteren wollen uns beteiligen, uns einmischen. Arbeit strukturiert unser Leben, über nichts sind wir so stark in die Gesellschaft integriert.

Wir müssen so etwas wie einen dritten Arbeitsmarkt für alte Menschen aufbauen, für die Arbeit, die gesellschaftlich wichtig ist und die sonst nicht getan wird. In Bremen ist Anfang der neunziger Jahre die erste Freiwilligenagentur entstanden, heute kann sie sich vor Nachfrage kaum retten. Da wird geputzt und repariert und Nachhilfe gegeben und der Hund ausgeführt. So etwas muss man gesellschaftsfähig machen. Und warum soll dies nicht auch gegen eine Aufwandsentschädigung geschehen? Den Gewerkschaften ist diese Form von Arbeit ein Gräuel, weil sie sich nicht tarifpolitisch fassen lässt. Aber wir wollen diese Arbeit ja auch nicht etablieren, um reguläre Arbeitsplätze zu verdrängen, sondern um alten Menschen die Möglichkeit zu eröffnen, ihre Fähigkeiten einzubringen, Leben in ihren Alltag zu holen – und zugleich gesellschaftlich notwendige Aufgaben zu übernehmen.

* * *

Wie kann eine alternde Gesellschaft lebenswert bleiben? Das ist die zentrale Frage, mit der wir uns beschäftigen müssen. Und dies geht nicht ohne eine aktive Zivilgesellschaft und eine lebendige Nachbarschaft. Hier sind alle gefragt. Man kann dies nicht allein den Kirchen, Gewerkschaften oder Sozialarbeitern überlassen. Ein Beispiel: Bremen hatte etliche städtische Jugendfreizeitheime, die in den sechziger und siebziger Jahren gegründet worden waren. Doch mit den Jahren änderte sich ihr Charakter: halbwüchsige Jungs dominierten die Szenerie, kein Mädchen traute sich dort noch hin, die Räume verwahrlosten. Das ging sogar so weit, dass sich in einem Freizeitheim die Sozialarbeiter verbarrikadierten – aus Angst vor den Jugendlichen. Damals mussten wir feststellen, dass unser emanzipatorisch gemeintes Konzept der Jugendarbeit gescheitert war. Die Antwort, die wir fanden, waren unsere heutigen Bürgerhäuser. Diese werden von allen Generationen genutzt. Da gibt es nun die Jugend- und Müttertreffs, die Ausländer- und die Arbeitslosengruppen. Und oft sind es die Alten – die dort natürlich auch ihre Seniorentreffs haben –, die für das gesamte Haus die Verantwortung übernehmen. Die Alten sind es, die die Veranstaltungen organisieren und die Gastronomie betreiben. Die Alten sind es, die verlässlich sind und dafür sorgen, dass nach einer Feier auch wirklich abgewaschen wird und dass alles vorzeigbar bleibt. Und in den selbstbetriebenen Cafés, bei selbstgebackenem Kuchen und selbstgemachten Buletten, da sitzen die Generationen dann bunt durcheinander. Über dreißig Jahre haben wir nun schon diese Bürgerhäuser. Und wir merken: Diese generationsübergreifenden Angebote sind identitätsstiftend, werten die Nachbarschaft auf und sind für jeden offen. Wer solche attraktiven Angebote in seiner Nachbarschaft hat, der muss auch nicht erst mühselig über einen Sozialarbeiter oder Altenbetreuer aktiviert werden, dort hinzugehen. Solche Bürgerhäuser funktionieren, wenn sie gut sind, wie ein Schneeballsystem: Jeder, der sich dort engagiert, bringt wieder jemanden aus dem Bekanntenkreis mit. Wenn dann jemand dort mitarbeitet, der einen professionellen Blick auf die gesamte Einrichtung hat, ein Quartiersmanager, dann kann das hilfreich sein. Aber leben muss so ein Bürgerhaus von den Menschen vor Ort.

* * *

Solch eine aktive Nachbarschaft kann dann vielleicht auch für die eigenen Kinder einspringen, die immer seltener da sein können und werden, um die Alten zu betreuen. Eine kinderarme Gesellschaft bedeutet, dass Pflege zunehmend außerhalb der eigenen Familie organisiert werden muss. Im Gegensatz dazu beschwört Frank Schirrmacher in seinem neuen Buch *Minimum* geradezu das Revival der Blutsfamilie. Das halte ich für einen verblassenden Traum der Konservativen. Jahrtausendelang hat der Mensch in größeren Netzwerken zusammengelebt – warum sollte ausgerechnet jetzt, da die klassische Kleinfamilie zunehmend an Schwindsucht leidet, dieses alte Modell nicht wieder funktionieren?

In unserer Hausgemeinschaft leben wir nicht mit Verwandten zusammen, sondern mit Freunden. Bei uns ist nicht Blut der Kitt, sondern Zugewandtheit. Wir leben in einer

Wahlfamilie. Und dieses Modell ist auch auf Netzwerke übertragbar, in denen Junge und Alte zusammenleben. Warum kann ich nicht Dörfer in der Stadt bauen? Viertel, in denen Kinder ihren Platz haben und Alte genauso. Wohnprojekte, die diejenigen entlasten, die noch berufstätig sind, und diejenigen einbinden, die schon in Rente sind. Warum kann ich nicht als alter Mensch auf die Kinder meiner Nachbarn aufpassen? Warum müssen es die eigenen Enkel sein? Warum muss ich alte Menschen in teure Pflegeeinrichtungen abschieben, wenn sie mit einer aktiven Nachbarschaft noch lange in den eigenen vier Wänden leben könnten? Eine Gesellschaft, die ihre alt gewordenen Mitglieder am Leben beteiligt, wird auch weniger Probleme mit der Pflege haben.

Das Zusammenleben der Generationen kann funktionieren, wenn es durch die Stadtplanung, die sich jahrzehntelang auf die Kleinfamilie konzentriert hat, unterstützt wird. Wir haben inzwischen großen Leerstand an Wohnungen, da lässt sich einiges an Projekten verwirklichen. Wände kann man einreißen! Menschen können lernen, dass es sich besser in Gesellschaft lebt als in der Anonymität. Beispiele hierfür gibt es schon genug. Immer mehr Menschen – junge Familien, aber auch Ältere – suchen allein aus Zeitgründen die Nähe zwischen Arbeitsplatz und Wohnort. Und immer mehr entdecken die Vorteile des urbanen Lebens – eines Lebens in herkunfts- und generationsgemischter Nachbarschaft, in der hilfsbereite alte Nachbarn und junge Migranten wohnen. Die Vernetzung der Generationen, das ist die Zukunft.

Und die Zukunft ist nicht grau, sondern bunt!

4. Loslassen

Einer meiner alten Abteilungsleiter, Jurist, Leitender Regierungsdirektor, hatte einen Traum. Jahrelang stellte er sich vor, wie es sein würde, wenn er erst einmal pensioniert wäre. Er wollte alles verkaufen und sich in Kanada ein Blockhaus bauen und dort leben, endlich leben. Als er 65 Jahre alt war, verkaufte er sein Haus, flog in sein gelobtes Land – und war einen Monat später tot. Er hatte sich mit der Verwirklichung dieses Traums so unter Druck gesetzt, dass all seine Kraft aufgebraucht war, nachdem er erfüllt war.

Der Übergang ins Rentenalter ist nicht leicht: Viele Menschen stehen plötzlich vor existenziellen Fragen: Wie geht es weiter in ihrem Leben? Wie werden sie sich definieren? Wie wird ihr Wert künftig sein in einer Gesellschaft, die sich über Arbeit definiert? Der große amerikanische Altersforscher Robert C. Atchley hat festgestellt: Je näher die Pensionierung rückt, desto negativer wird das Bild, das die meisten sich vom Alter machen. Kein Wunder, in der Lebensphase vor der Rente kommen genügend private Veränderungen auf einen zu. So müssen zum Beispiel Eltern den Auszug des letzten Kindes bewältigen.

Und man muss lernen, den Verlust körperlicher Fitness hinzunehmen. Wenn sich wieder mal mein Zipperlein in der Hüfte meldet, nehme ich mir schon freiwillig einen Stuhl und verzichte darauf, ins Sofa zu sinken, aus dem ich dann nur unter Schmerzen wieder herauskomme. Und im Sport – ich bin vor fünfzehn Jahren noch Marathon gelaufen – konzentriere ich mich erst einmal aufs Radrennen. Solche Veränderungen, die bei jedem unterschiedlich hart ausfallen werden, zu akzeptieren ist nicht leicht.

Und wenn dann noch die Anerkennung durch den Beruf abhanden kommt? Da kann man schon nervös werden.

* * *

Ich bin mir darüber im Klaren, dass wir Politiker eine Ausnahme im Arbeitsleben sind. Viele von uns arbeiten weit über das Rentenalter hinaus. Ähnlich geht es allen, die an exponierter Stelle selbständig oder für Verbände und Institutionen verantwortlich sind. Und oft verpassen diese Menschen einfach den Punkt, an dem sie hätten gehen können. Noch heftiger als in der Politik wird dies in der Wirtschaft erlebt. Tausende von selbständigen Unternehmern suchen nach einem Weg, ihr Unternehmen in die Hände der nächsten Generation zu legen. Für dieses Problem ist aber weder Starrköpfigkeit noch Flucht die richtige Antwort, sondern gerade bei diesem Prozess sind Partnerschaft und verständiges Zusammenarbeiten zwischen den Generationen wichtig: Hilfe, Stütze, Begleitung und letztlich befreiendes Loslassen.

Ich habe jahrelang einen befreundeten Unternehmer aus der Logistikbranche, der ein klassischer Self-Made-Man war, bedrängt, sein großes Unternehmen mit mehr als 1700 Mitarbeitern durch Beteiligung auf mehrere Schultern zu legen und dann auch in jüngere Hände zu geben. Er hat dies immer wieder abgelehnt – auch in Gegenwart seiner Söhne, die Prokura hatten, aber nicht Gesellschafter werden durften.

Das Ergebnis ist, dass erst jetzt, nachdem er vor kurzem gestorben ist, Maßnahmen zur Sanierung des Unternehmens getroffen werden können und müssen. Besser wäre es für alle Beteiligten gewesen, wenn er sich ab Mitte sechzig schrittweise von der Unternehmensleitung zurückgezogen, seine Lebenserfahrung den erwachsenen Söhnen angeboten und mit ihnen gemeinsam einen Partner gesucht hätte. Durch einen solchen gleitenden Übergang hätten die sensiblen Kundenbeziehungen gepflegt und die dringend notwendige Vertrauensbasis für das gesamte Unternehmen weiter entwickelt werden können. Die jetzige Sanierung hingegen bedeutet: scharfer Schnitt, Abbau von Arbeitsplätzen und die Überführung des bisher selbständigen Unternehmens in einen Konzern. Sicher: Abschied zu nehmen, die Koordinaten seines Lebens neu zu justieren fällt nicht leicht. Aber zu einer partnerschaftlichen Altersrolle gehört es auch, in die zweite Reihe treten zu können.

* * *

Ich habe zehn Jahre gebraucht, um mich auf den Moment des Abschieds aus der aktiven Politik vorzubereiten. Ich habe immer wieder darauf geachtet, wie andere dies angehen, habe sie ausgefragt, habe mir selbst überlegt, wie ich diesen Übergang gestalten will. Ich habe mich gefragt, womit ich Brücken in den neuen Lebensabschnitt bauen kann, und habe mir überlegt, von welchen Aktivitäten ich mich endgültig verabschieden will. Und dennoch hatte ich bis zuletzt Sorge, ob mir der Abschied auch gelingen würde.

An dem Tag, an dem ich meinen Rückzug aus der Politik verkündete, hatte ich noch einen vollen Terminkalender abzuarbeiten. Ich hatte in Berlin auf der Geschäftsführer-Tagung des Caritasverbandes gesprochen und bin erst im letzten Augenblick auf dem Parteitag in Bremen angekommen. Und ich weiß bis heute, wie ich mir im Zug immer wieder klar gemacht habe: Du musst frei reden, du darfst nicht ablesen, du musst ohne Bitterkeit und Gram, ohne Pathos und Zittern sagen, dass es mit 67 Jahren Zeit ist zu gehen. Als ich die Rede hinter mir hatte, war ich wie befreit.

Gerade unter den bundesweit bekannten Politikern gibt es etliche, die nicht den richtigen Zeitpunkt gefunden haben, Abschied zu nehmen. In den fünfziger Jahren war es Konrad Adenauer, der zu spät gegangen ist. Oder der große Willy Brandt, dem eigentlich das Amt des Bundespräsidenten auf seine alten Tage gebührt hätte – eine Mehrheit dafür war sogar bereits organisiert. Doch statt nach diesem Amt zu streben – das er wunderbar ausgefüllt hätte als der »andere Deutsche«, der nicht in den Nationalsozialismus verstrickt war –, hat er sich in einem weiteren Wahlkampf überfordert und ist dann über die Affäre Guillaume gestolpert. Auch Helmut Kohl ist zu spät ausgeschieden. Wenn er wahr gemacht hätte, was er angekündigt hatte, nämlich 1996 auszusteigen und Wolfgang Schäuble als Nachfolger an der CDU-Spitze zu inthronisieren, dann wäre er neben Richard von Weizsäcker heute ein Vorbild. So musste er als Verantwortlicher der Spendenaffäre abtreten. Die Diskussion um den richtigen Zeitpunkt des Abschieds aus dem Amt von Erwin Teufel oder Kurt Biedenkopf zeigt: Das Thema ist aktuell.

Vorbilder, die zeigen, wie man anständig von der politischen Bühne Abschied nimmt, sind nicht häufig anzutreffen, aber einigen ist es doch bewundernswert gelungen. Dazu zählt Gustav Heinemann, der regelrecht bedrängt wurde, für weitere fünf Jahre als Bundespräsident zu kandidieren. Er hat dies, trotz vorhandener Mehrheiten, abgelehnt. Er schien zu ahnen, dass ihm nur noch wenige Jahre blieben; die hat er dann ohne öffentliche Ämter genutzt. Oder auf Landesebene Heinz Kühn, Ministerpräsident von Nordrhein-Westfalen. Kühn, der wegen der Nationalsozialisten emigriert war, ein linker Intellektueller und Internationalist, hat die Machtübergabe an den jungen Johannes Rau fabelhaft hinbekommen. Und er selbst ist nach dem Abschied aus dem Amt auch nicht in ein Loch gefallen, sondern wurde Präsident der Friedrich-Ebert-Stiftung und hat seine zahlreichen internationalen Kontakte gepflegt. So ein Übergang kann ohne Häme und Bitterkeit stattfinden.

Doch das war lange her, als es für mich an der Zeit war, Jüngere ranzulassen. An wem sollte ich mich nun orientieren? Es war dann ein CDU-Mann, der mir vorlebte, wie man abtritt: Bernhard Vogel. Wir haben uns immer gut verstanden. Der Abgang von Vogel als Ministerpräsident in Rheinland-Pfalz war schrecklich. Aber daraus hatte er gelernt. Eine solche Schlappe sollte ihm nicht wieder passieren. Nachdem er durch die Wende eine zweite Chance als Ministerpräsident in Thüringen bekommen hatte, hat Vogel in vorbildlicher Weise seinen Rücktritt organisiert und Zeitpunkt und Verfahren genauestens mit seinem Nachfolger Dieter Althaus abgesprochen.

So wollte ich auch in die Rente kommen. Ich wollte nicht als gekränkter Egomane aus dem Amt gejagt werden. Dennoch war mein Weg dahin nicht einfach. Es hat mich immer sehr belastet, meinen Rücktritt im Geheimen vorbereiten zu müssen. Ich hatte das erste Mal 1999, am Abend einer erfolgreichen Landtagswahl, meinen Rücktritt angekündigt. Da wurde ich dann massiv von SPD und CDU, die zusammen die Regierung bilden wollten, bearbeitet, im Amt zu bleiben. Der einstige Wahlkampfberater von Willy Brandt bezeichnete meinen Auftritt als politisches Harakiri – und sagte mir mein baldiges unfreiwilliges Ausscheiden aus dem Amt voraus. Aber es kam anders: 2003 gewann ich die Wahl gegen den Trend – kurz zuvor hatte Sigmar Gabriel in Niedersachsen fünfzehn Prozent verloren.

Wieder erklärte ich, ich plante in absehbarer Zeit meinen Rücktritt. Als es dann so weit war und der SPD-Landesvorstand alle Delegierten und wichtigen Funktionäre eingeladen hatte, um mit uns zu beraten, ob und wie es weitergehen könnte, geriet dies zu einer schrillen Veranstaltung. Ich saß in der Mitte, gewissermaßen als armer Sünder, und musste erklären, warum ich gehen wollte. Ich musste mir anhören, dass, wer für vier Jahre gewählt sei, auch die Pflicht habe, diese vier Jahre zu regieren. Damals bin ich nach Hause gegangen mit der Botschaft, nur ein Arzt könne mich von diesem Amt erlösen, nur wenn ich krank genug sei, dürfe ich gehen. Nicht, dass ich missverstanden werde, ich habe meine Arbeit immer mit Leidenschaft gemacht. Aber ich konnte doch nicht auch noch das Ende meines beruflichen Lebens per Mehrheitsbeschluss bestimmen lassen.

Die Wende kam mit dem 22. Mai 2005. An diesem Tag verlor die letzte rot-grüne Landesregierung in Nordrhein-Westfalen ihre Regierungsmehrheit, und Gerhard Schröder verkündete Neuwahlen. Mir ist an diesem Wahlabend klar geworden, dass damit eine politische Dekade, in der ich mit aller Kraft Politik gemacht hatte, zu Ende ging. Es musste einen Neuanfang geben. Warum sollte ich diese Gelegenheit nicht nutzen, um auch in meiner eigenen Sache Klarheit zu schaffen? Ich habe dann mehrere sehr intensive Gespräche mit meinen möglichen Nachfolgern Jens Böhrnsen und Willi Lemke geführt. Dabei sind wir übereingekommen, dass diese Entscheidung unmittelbar nach der Bundestagswahl zu fallen habe. Auch dem Koalitionspartner, das heißt dem CDU-Landesvorsitzenden Bernd Neumann, habe ich in vertraulichen Gesprächen diese Entscheidung mitgeteilt. Es ist für mich bis heute ein Zeichen unserer außerordentlich guten jahrelangen Zusammenarbeit, dass dies alles nicht vorzeitig veröffentlicht worden ist.

Und nun? Ich bin froh, nicht mehr Bürgermeister zu sein. Eine Last ist von mir genommen. Freunde von mir sagen, ich sei zum letztmöglichen Zeitpunkt aus diesem Geschäft herausgekommen. Und wenn ich mich in dieser Stadt bewege – ich verstecke mich ja nicht –, bekomme ich von allen Seiten bestätigt, dass mein Rücktritt vor einem Jahr richtig war. Mir wird signalisiert: Du hast ordentlich geschafft, wir haben das gerne mit dir gemacht, und nun ist es auch gut. Mir fehlt nichts, im Gegenteil, ich habe vieles hinter mir gelassen. Zum Beispiel diesen Kampf um jede Sitzung, um jede Entscheidung, um jede Frage. Das hat mein Leben lange bestimmt, und zwar von morgens bis abends. Oft habe ich auch noch nachts wach gelegen und überlegt, wie komme ich durch dieses oder jenes Problem, wie schaffe ich mir Verbündete, wie setze ich mich durch. Ich habe viel Lebenskraft auf das Organisieren von politischen Entscheidungen und das Lösen von unangenehmen politischen Konflikten verwendet – und das ist nun zu meiner Erleichterung vorbei. Ich kann nun aus einer Distanz heraus beobachten, wie meine jüngeren Kollegen das meistern.

Überrascht bin ich, wie bruchlos mein Ausscheiden aus dem Amt mit meinem gleichzeitigen Abschied aus Partei- und Gewerkschaftsaktivitäten verbunden ist. Mir ist, als hätte ich ein immer mühseliger werdendes großes Gepäck abgeworfen. Wenn ich genau hinsehe, dann ist mein Abschied aus Partei und Gewerkschaft noch radikaler ausgefallen. Ich bin froh, keine Delegiertenversammlungen, keine Vorstandssitzungen und erst recht keine Wahlkampfveranstaltungen mehr besuchen zu müssen. Alle diese subkutanen Sticheleien und Illoyalitäten haben ihren Stachel verloren. Was ich mir immer vorgenommen hatte, ein Leben lang, einen Panzer gegen Intrigen zu entwickeln, jetzt habe ich ihn oder besser noch, jetzt brauche ich ihn gar nicht mehr, weil mich auch ohne Panzer dies alles nicht mehr erreicht.

Mein Ausscheiden aus dem Rathaus hat mir eine großartige Form der Mitarbeit ermöglicht. Zwar bin ich nicht mehr mit aktuellen politischen Entscheidungen befasst, aber oft bin ich an dieser alten, so hoch geschätzten Wirkungsstätte präsent. Es hat sich ein entspannter, oft fröhlicher Umgang entwickelt.

Ich springe ein, wenn Terminnot ausbricht. So begrüße ich weiter mit großer Freude Besuchergruppen, auswärtige Delegationen oder Jubilare im Namen des Senats. Alle verstehen das. Mir werden die Terminkoordination und auch die vielen Anfragen wegen Mitarbeit und Vorträgen weiter vom Rathaus abgenommen. Ich profitiere da von einem wunderbaren Vorbild, das Hans Koschnick jahrzehntelang für das Rathaus und für die Freie Hansestadt Bremen geprägt hat. So kann ich etwas zum öffentlichen Klima auch im Hinblick auf den Umgang untereinander und auf einen friedlichen und partnerschaftlichen Generationswechsel in öffentlichen Ämtern beitragen, ohne mich in die Politik zu mischen.

* * *

Wenn das mittlere Lebensalter, die Zeit der Arbeit, zu Ende geht, ist man plötzlich auf das soziale Netz, das man im Laufe seines Lebens gewoben hat, zurückgeworfen. Schlecht, wenn dies nur um den Beruf geknüpft war. Diejenigen, die den Übergang ins Rentenalter – viele sogar trotz Arbeitslosigkeit oder erzwungener Frühverrentung –

gut schaffen, können sich auf die Familie und den Freundeskreis jenseits der Arbeit stützen, die helfen, den Verlust der alten Identität zu kompensieren.

Rückblickend bin ich froh, dass mein Abschied sich über Jahre hinzog. So blieb mir Zeit, über das Leben nach dem Beruf nachzudenken. Denn in einem ist sich die Altersforschung einig: Psychologen wie Philipp Mayring, aber auch Soziologen wie Helga Krüger empfehlen dringend, bereits in der Mitte des Lebens Pläne für später zu machen, vielleicht sogar Szenarien zu entwerfen, wie es später sein wird – »antizipieren« nennen sie dies. Nur wer Kontinuität schafft, Brücken zwischen dem Leben vor und nach der Arbeit baut, wird nach der Pensionierung seelisch gut über die Runden kommen. Wer einen regelrechten »Pensionierungsschock« vermeiden will, muss etwas dafür tun.

Ich habe eine Reihe von Aufgaben behalten, die ich schon während meiner politisch aktiven Zeit übernommen hatte, zum Beispiel die Präsidentschaft des Deutschen Chorverbandes, eines Riesenverbandes mit 2,1 Millionen Mitgliedern. Das mache ich erst jetzt richtig mit

Begeisterung, vor der Pensionierung hatte ich wenig Zeit dafür. Ähnlich ist es mit der Gustav-Heinemann-Stiftung oder der Stiftung Reichspräsident-Friedrich-Ebert-Gedenkstätte, deren Vorsitzender ich bin. Diese Ämter habe ich natürlich als aktiver SPD-Mann, als Ministerpräsident, angetragen bekommen, aber es hieß dann: Bitte mach weiter. Hinübergerettet habe ich auch mein kirchliches Engagement. Ich bin in das Präsidium des Evangelischen Kirchentages gegangen, um zum ersten Mal den Kirchentag nach Bremen zu holen. Und das ist mir auch gelungen. Dies ist eine große Aufgabe, die sich erst jetzt so richtig entfaltet.

Auch meine internationale Arbeit verfolge ich weiter. Seit 25 Jahren engagieren meine Frau und ich uns in Nicaragua. Unsere jüngste Tochter hatte 1981, zwei Jahre nach der sandinistischen Revolution, ein Auslandsjahr in Nicaragua verbracht. Nach diesem Jahr haben wir sie in ihrer Gastfamilie besucht, um zu sehen, wie sie dort gelebt und was sie dort gemacht hat. In diesem fremden Land mit großer Armut haben wir viel gesehen und gelernt. Meine Frau hat einige Zeit später, als unsere Kinder aus dem Hause waren, anderthalb Jahre als Klavierlehrerin an der Nationalen Musikschule in Managua gearbeitet.

Aus dieser Tätigkeit hat sich eine seitdem nicht unterbrochene und durch viele Besuche intensivierte Arbeit entwickelt. Durch die Zusammenarbeit vieler engagierter Menschen entstanden die Projekte, die heute von dem Verein »Pan y Arte« betreut und finanziert werden:

- Música en los Barrios – Musikerziehung für Kinder in den Armenvierteln des Landes,
- Casa de los tres Mundos – ein Kulturzentrum in Granada mit Musik- und Malschule,
- BiblioBus – eine Leih-Bibliothek, die über Land fährt,
- Malacatoya – ein neues Dorf für 1300 Menschen, die nach dem Hurrican Mitch obdachlos geworden sind.

»Pan y Arte« ist von Dietmar Schönherr gegründet worden, der jetzt achtzig Jahre alt ist und mich gebeten hat, sein Nachfolger als Vorsitzender zu werden. Das habe ich sehr gern übernommen, weil ich gerade in den armen Ländern der Welt Kultur-Arbeit für enorm wichtig halte, und weil mir das Land Nicaragua und die Menschen dort ans Herz gewachsen sind. Nun bin ich plötzlich verantwortlich für Verein und Stiftung, die von knapp 19 000 Menschen in der Schweiz, in Österreich und in Deutschland getragen werden. Diesen engagierten Menschen muss ich klar machen, dass ich die Arbeit im Sinne Dietmar Schönherrs weiterführe. Bisher war ich immer nur der Ehemann meiner Frau, wenn es um Lateinamerika-Fragen ging. Nun bin ich es, der potentielle Spender anspricht, der Briefe an die Mitglieder schreibt, der neue Projekte anstößt und vorstellt.

Ich greife damit auf eine mich sehr prägende Erfahrung aus den frühen achtziger Jahren zurück. Damals habe ich in den Bergen Nicaraguas unter den Kugeln der Contras versucht, als Kaffeepflücker meinen Teil an Solidarität mit diesem armen Land und seinen Menschen zu üben. Meine Nicaragua-Arbeit ist ein Beispiel, wie man im Alter etwas wiederaufnehmen kann, was einem im Laufe seines Lebens wichtig gewesen ist, was man aus unterschiedlichen Gründen – weil die

Zeit nicht da war, weil sich das Interesse verlagert hat, weil das aus irgendwelchen Gründen nicht mehr so spannend war – ruhen gelassen hat. Plötzlich entsteht aus dieser neuen Freiheit als Pensionär – in der ich sortieren kann, was mir wichtig, was unwichtig ist, was ich weitermachen und was ich wiederaufgreifen möchte – eine Entschlossenheit, die alte Arbeit nicht untergehen zu lassen, damit das Engagement von damals nicht nur eine heißblütige, jugendliche Strohfeuerveranstaltung gewesen ist. Außerdem gefällt es meiner Frau und mir sehr gut, diese Aufgaben gemeinsam anzupacken und weiterzubringen.

Ich freue mich, dass ich dies alles nach meiner aktiven Zeit als Politiker weitermachen kann. Diese Projekte haben für Kontinuität in meinem Leben gesorgt. Und ich bin mir nicht so sicher, ob ich den Abschied vom Amt so leicht genommen hätte, wenn es nicht diese Möglichkeiten für mich gäbe, meine Fähigkeiten und meine Kontakte, aber auch mich als politische Person weiter einzubringen.

Ich habe aber auch Projekte aufgegeben, die ich mir nicht mehr zugetraut habe. IDEA zum Beispiel, eine Intergovernment-Organisation in Stockholm. Diese internationale Arbeit ohne Apparat zu stemmen, hat mich schlicht überfordert. Hier musste jemand anderes ran. Oder die Bürgerstiftung, in die mich ein Freund ziehen wollte. Ihm habe ich abgesagt mit der Begründung, dass ich erst einmal mit den Projekten zu Rande kommen müsse, die ich bereits angefangen habe. Ich muss ja auch ausprobieren, was ich noch leisten kann, ohne mich zu überfordern.

* * *

Der Gerontologe Robert C. Atchley hat herausgefunden, dass die meisten Menschen eine Art »Honeymoon« unmittelbar nach dem Ausscheiden aus der Arbeit erleben. In diesem Honeymoon, in dieser Phase der Euphorie, befinde ich mich gerade. Ich entdecke ein normales Leben. Das fängt damit an, dass ich vorher nie Geld in der Tasche hatte. Meine Sekretärin führte sehr diskret ein Konto für mich, von dem sie alle Rechnungen beglich. Dass ich nie Geld bei mir trug, hat zwei Gründe. Zum einen wird man als Politiker herumgereicht und auch versorgt, man kommt kaum dazu, allein unterwegs zu sein und sich selbst etwas zu kaufen. Und zum anderen wollte ich auch kein Geld haben. Meine Eltern waren sehr arm, meine Mutter musste immer anschreiben lassen, und ich bekam als Kind genaue Instruktionen, bei welchen Geschäftsleuten ich mich nicht sehen lassen sollte, weil wir mal wieder unsere Schulden nicht begleichen konnten. Das war mir immer sehr peinlich. Ich habe mir damals sehr gewünscht, dass ich später nicht aufs Geld schauen müsste, und wollte damit so wenig wie möglich zu tun haben. Und so war es dann auch. Obwohl ich später nie finanzielle Probleme hatte, bin ich ein protestantischer Schmalhans geworden. Ich kann nichts wegwerfen, und ich interessiere mich nicht für Konsum.

Meine Frau hat mir immer Realitätsferne vorgeworfen, wenn ich mal wieder behauptete, ich käme mit zwei Euro Taschengeld in der Woche klar. Und es ist tatsächlich so, dass ich erst jetzt im Alter lerne, wie ein Bankautomat funktioniert, wie man Überweisungen ausfüllt und wie viel ein Pfund Butter kostet. Erst neulich ist es mir wieder passiert, dass ich unterwegs war – ohne einen Cent in der Tasche. Ich hatte einen Termin in Gotha und kam erst um zwei Uhr nachts am Bremer Bahnhof an. Ich habe diesen Tag ohne Geld rumgebracht, auf die Fish and Chips, die ich an einem Kiosk sah, musste ich dann natürlich verzichten. Erst jetzt lerne ich, Preise wahrzunehmen, lerne, was Nepp ist und wofür man beruhigt ein paar Euro mehr ausgeben kann. Ich lerne, dass die teuren Möhren im Bund besser schmecken als die großen, billigen in der Plastikschale. Und dieses Alltägliche ist für mich eine wunderschöne Entdeckung. Ich lebe ein neues Leben – entdecke aber dabei auch, dass ich jahrelang von diesem Teil der Wirklichkeit entfernt gelebt habe.

Als meine Frau sich vor einiger Zeit den Fuß gebrochen hatte, war ich plötzlich der Versorger. Ich hatte die zentrale Rolle, ich musste dafür sorgen, dass der Alltag reibungslos lief, dass die Mahlzeiten auf dem Tisch standen, dass meine Frau zum Arzt kam. Und dass mir das gelungen ist, ist ein ähnlich großes Erfolgserlebnis, wie ich es früher in der Politik hatte. Es ist eine ganz neue

Lebenserfahrung für mich. Ja, im Moment ist das Alter schön. Ich entdecke Neues, ich habe Zeit für soziale Aktivitäten, und ich bin als politischer Kopf gefragt.

Ich halte drei bis vier Vorträge in der Woche: Vor Industrie- und Handelskammern, die sich von einem Linken wie mir erklären lassen wollen, wie Wirtschaft heute funktioniert. Vor unseren benachbarten Kreistagen, die etwas über die Perspektiven der Region erfahren wollen. Auf diversen Podien quer durch die Republik, die von mir hören wollen, wie es ist, in einer Alters-Hausgemeinschaft zu leben. Und vor kirchlichen Gremien, die von einem Menschen wie mir, der im öffentlichen Leben steht und sich dennoch als Teil der Gemeinde versteht, wissen wollen, wie man verhindern kann, dass die Kirche zu einer Sekte zusammenschrumpft. Ich könnte das Drei- bis Vierfache an Vorträgen halten, wenn ich alle Einladungen annehmen würde. Aber dann kämen meine privaten Aktivitäten zu kurz, die ich nun neu begonnen habe, oder besser gesagt: denen ich mich endlich widmen kann – wie meinen sechs Enkelkindern, dem Orgelunterricht auf der Orgel der St.-Stephani-Kirche oder dem Malkurs und dem Kochen in unserem Haus. Erst jetzt, nach der Pensionierung, koche ich reihum mit den anderen für unser Haus – mit Kochbuch zwar und vielem Nachfragen, aber das erste selbstgekochte Chili con Carne war jedenfalls ganz schnell aufgegessen.

Wenn man in der Politik gearbeitet hat, so wie ich, fährt man lange Jahre nur auf einem Zylinder, obwohl der eigene Motor mehr als einen hat. Dieses Bild benutzt mein Freund Hans-Christoph Hoppensack, der auch in der Politik gearbeitet hat. Nun kann ich erst richtig mehrzylindrig fahren, als Familienmensch, als Freund, als Mensch mit musischen Ambitionen. Das ist eine wunderbare Erfahrung: Ich habe durch die Pensionierung nichts verloren, ich habe dazugewonnen.

Der Gerontologe Atchley hat auch festgestellt: Fast immer folgt auf diese Euphorie eine plötzliche Ernüchterung. Die meisten Pensionäre, die ich kenne, reden nicht gern über dieses Phänomen. Sie wollen nicht, dass man sie dabei erwischt, dass die lang ersehnte »späte Freiheit« auch eine Mühsal sein kann.

Man hat es ja auch ein Arbeitsleben lang trainiert, nach außen zu signalisieren, dass alles prima ist. Ich bin möglicherweise auch so ein Kandidat. Ich nehme an, dass diese Phase mal ein Ende haben wird. Was wird dann sein? Was wird sein, wenn mich nur noch wenige auf der Straße erkennen und mich ansprechen? Was wird sein, wenn ich zu alt für meine Projekte geworden bin, die mir Lebenssinn vermitteln? Was wird sein, wenn niemand mehr Vorträge von mir hören will? Werde ich dann die Fassade aufrechterhalten, nur damit niemand merkt: Der Scherf kommt mit dem Altsein nicht klar?

* * *

Gegen Ende seiner beruflichen Laufbahn ging ein sehr enger Freund von mir in eine psychosomatische Klinik. Über Wochen hat er dort versucht, sich darüber klar zu werden, warum nun, gegen Ende seiner Karriere, die Seele ihm ein Schnippchen schlug und er sich körperlich zusehends schlechter fühlte. Er konnte nicht mehr schlafen, er konnte sich nicht mehr konzentrieren. Dort erst wurde ihm bewusst, dass er nicht loslassen konnte, dass der Job zu seinem einzigen Lebensinhalt geworden war, dass ihn Kleinigkeiten verletzten, dass er regelrecht obsessiv geworden war. Er hatte jahrelang seine Talente wie zum Beispiel das Malen verdrängt und nur der Arbeit Raum gelassen. Als er dann wegen einer nicht einfachen politischen Entscheidung öffentlichen Anfeindungen ausgesetzt war, wurde er krank. Dieser Freund hat sich mit seinem Klinikaufenthalt, mit dieser Art inneren Klausur, regelrecht befreit. Er hat dann seinen Job gekündigt und ist Jahre vor mir in Pension gegangen, gerade noch rechtzeitig, bevor ihn die Arbeit auffressen konnte.

Vor kurzem habe ich mit ihm über unseren Ausstieg aus der Politik und die darauf folgenden Monate geredet. Nach einem langen Gespräch sind wir zu dem Schluss gekommen, dass uns der Beruf in einer Art innerer Gefangenschaft hielt. Wir hielten uns lange Zeit für unentbehrlich und konnten uns gar nicht vorstellen, dass die Arbeit, die wir machten, auch ohne uns weitergehen würde. Wir waren Workaholics, unser Job war unser Leben. Inzwischen glauben wir beide, dass es eine Vorbereitung geben muss für diese Zeit des Umbruchs, für den Übergang vom Beruf in die Rente.

Das Ende eines Lebensabschnitts ist nicht einfach im Vorbeigehen zu bewältigen. Eine bloße Predigt genügt da nicht, um den Einzelnen aufzufangen. Ich wünsche mir, dass Wohlfahrtsverbände und Kirchen, aber auch öffentliche Einrichtungen und Vereine professionelle Beratungen für angehende Rentner anbieten würden. Dort ließen sich Ängste besprechen, aber auch Chancen aufzeigen und Projekte vorstellen. Letztlich profitieren auch die Einrichtungen von solchen Beratungen, nämlich dann, wenn der ein oder andere sich dann künftig bei ihnen engagiert.

Ich habe Jahre über dieses Thema nachgedacht, immer wieder mit meiner Frau, mit den Freunden im Haus, mit den Kindern darüber gesprochen, wie ich diesen Übergang schaffe. Das war der Versuch einer Vorwegnahme und des Bearbeitens. Ich wollte nicht, dass mir der Abschied einfach so passiert, als eine Art Unglück.

Ich rate allen, den Übergang ins Altersleben offen anzugehen. Man kann sich mit Menschen vertraut machen, die den Umstieg bereits geschafft haben. Man kann schon einmal Fingerübungen machen, wie es wohl sein wird, ohne Arbeit zu sein. Warum kann man seinen Urlaub nicht auch einmal dafür nutzen, in einem Verein ehrenamtlich mitzuarbeiten oder sich Projekte anzusehen, die einen interessieren? Dies könnte eine aktive Vorbereitung auf die Rente sein. Ich habe lange diese Altersfrage für mich behalten, inzwischen weiß ich, dass es gut ist, darüber zu reden. Es ist eine große Befreiung. Man lernt, sich neu einzuschätzen. Wie sehen mich die anderen? Was trauen sie mir zu? Was raten sie mir? Es kann auch hilfreich sein, professionelle Hilfe in Anspruch zu nehmen. Ein Psychologe kann einem vielleicht Türen öffnen, die man vorher gar nicht gesehen hat. Und dann entdeckt man Talente und Interessen, von denen man nie geahnt hätte, dass sie in einem stecken.

* * *

Alle Experten versichern, es sei ein Trugschluss zu meinen, im Alter fange man ein neues Leben an. Wer Zeit seines Lebens politisch aktiv war, wird es auch im Alter leichter haben, sich für politische Fragen einzusetzen. Wer früher ein Ehrenamt ausgeübt hat, wird dies noch lange Jahre weiter machen können. Eine neue Stabilität im Altersleben muss man sich erarbeiten. Und das ist umso einfacher, je vitaler das Leben vorher schon war. Ob es Sport ist, Kunst oder etwas anderes – Hauptsache, man sitzt nicht zu Hause herum und wartet, bis irgendwann der Prinz kommt und einen wachküsst. Denn der kommt nicht.

Mithelfen, auch und gerade im Alter, ist für alle ein Gewinn. Für die Allgemeinheit sowieso – ich denke da gerne an den berühmten Kennedy-Satz: Frage nicht, was dein Land für dich tun kann, sondern was du für dein Land tun kannst. Mithelfen ist auch für uns Ältere ein unschätzbarer Gewinn. Wir entdecken oft täglich Neues, wir erfahren uns als Menschen, auf die andere warten, und wir erfahren, was wir alles können. Wir eröffnen uns einen sanften Übergang vom Berufsleben in die spätere Gebrechlichkeit, in der wir dann nicht einsam sein müssen, weil uns so viele Menschen gerade auch nach der Berufszeit begleitet haben.

5. Aktivitäten

Die Tage, an denen ich in der Grundschule Buntentorsteinweg vorlese, füllen mein Herz. Ich bin vernarrt in diese Kinder, ich freue mich auf jede Lesestunde. Und mein Eindruck ist, dass es auch für die Kleinen reizvoll ist, ein fremdes Gesicht zu sehen und mit jemandem reden zu können, der ihr Großvater sein könnte. Diese Sechs- bis Zehnjährigen hören wunderbar zu, sind richtig gebannt und verfolgen auch komplizierte Texte. Wann liest ihnen zu Hause schon mal jemand vor? Kinder, die zu siebzig Prozent nicht Deutsch als Muttersprache haben. Kinder, die zum Teil aus schwierigen Verhältnissen kommen, die zu Hause Elend und Not erleben. Es ist anrührend, mit diesen Kindern zusammen zu sein. Die anderen Lesebotschafter an dieser Schule empfinden das auch so. Wir sind wichtig für sie, und sie sind wichtig für uns.

Seit meiner Pensionierung passiert es mir jeden Tag, dass jemand zu mir sagt: Sie haben doch jetzt ganz viel Zeit, wie gehen Sie eigentlich damit um? Diese Leute sind dann ganz überrascht, wenn ich ihnen sage, dass es ganz anders ist. Ich will gar nicht ganz viel Zeit haben. Ich will nicht herumsitzen, sondern etwas tun und bewirken und freue mich, wenn mir das gelingt. Und ich freue mich besonders, dass es von mir abhängt, ob ich etwas mache oder nicht. Erst jetzt als Rentner kann ich selbstbestimmt leben. Insofern empfinde ich das Alter tatsächlich als späte Freiheit. Ich muss nicht mehr arbeiten, weil ich sonst verarme. Sondern ich engagiere mich, weil es mir Freude macht, mir Lebenssinn und soziale Kontakte verschafft und weil ich positive Rückmeldung von anderen Menschen erhalte. Engagement für andere und für mich selbst, das ist jetzt mein Leben. So lange es geht, werde ich mich einmischen. Und ich glaube, dass man die Kompetenz, sich gesund und wach zu halten für neue Herausforderungen, trainieren kann. Wer sich in die Ecke setzt, verliert seine Kraft, wird alt. Wenn ich aufzähle, was ich alles mache, dann heißt es immer: Das ist ja furchtbar, dass schafft doch keiner. Doch, ich schaffe das. Ich habe viel

Energie, und andere in meinem Alter haben diese Energie auch. Was in den Medien nicht vermittelt wird: Ehrenamtliche Arbeit spielt eine große Rolle im Alter. Alte Menschen sind mitnichten nur passiv und Hilfeempfänger. Wir sind nicht nur eine Last. Das Engagement der Älteren ist in den letzten Jahren sogar stark gestiegen, sie sind heute nach den Jungen die aktivsten Träger der Zivilgesellschaft. Bei den 60- bis 69-Jährigen liegt die Quote der sozial Engagierten bei 37 Prozent.

Wir leben zwar in einer Dienstleistungsgesellschaft, doch viele der Dienstleistungen, die dringend gebraucht werden, sind als offizielle und bezahlte Arbeit nicht zu haben. An dieser Stelle kommen wir Alten ins Spiel. Wir können mit dafür Sorge tragen, dass uns das Leben in einer Dienstleistungsgesellschaft gelingt. Wir leisten unentgeltliche Arbeit für diese Gesellschaft – weil sie uns Freude macht. Heute gibt es Menschen, die krank werden, weil sie überarbeitet sind, und es gibt Menschen, die krank werden, weil sie arbeitslos sind. Hier kann soziales Engagement vermitteln – die einen entlasten und die anderen stärken. Dass die Kompetenz der Alten sehr wohl gebraucht wird, zeigt das zunehmende Engagement von Seniorexperten. Der Senior-Experten-Service, eine der Organisationen, die solche Fachleute vermitteln, hat bundesweit 7000 Mitglieder aus allen Berufen, darunter ehemalige Bauingenieure, Manager, Chemiker und Handwerker. Diese erfahrenen Leute beraten unentgeltlich kleine und mittlere Firmen – vor allem im Ausland, aber auch zunehmend in Deutschland. Ich kenne ehemalige Vorstandsmitglieder großer Firmen, die nach ihrer Pensionierung für drei bis fünf Jahre ins Ausland gegangen sind, um dort ihr Wissen und ihre Kontakte zur Verfügung zu stellen. Diese alten Wirtschaftsleute haben den Menschen vor Ort beigebracht, wie man am Markt kalkuliert, wie man seine Kostenstruktur analysiert und dass man keine Preise anbietet, die man nicht halten kann. So ein älterer Berater ist auch für den, der etwas lernen soll, angenehm: Er ist keine Konkurrenz, hier muss sich niemand mehr etwas beweisen. Bislang waren Entwicklungshelfer eher junge, vitale Leute, die noch einmal ein Abenteuer erleben wollten, bevor sie eine Familie gründeten und sich niederließen. Alte, gestandene Geschäftsleute, die Karriere gemacht haben, haben ein Abenteuer nicht mehr nötig. Der Mandant steht bei der Beratung im Mittelpunkt und nicht der Berater. Dies ist Entwicklungshilfe im besten Sinne.

Ich unterstütze seit meinen Jahren als Justizsenator ein großes Projekt der Gesellschaft für technische Zusammenarbeit (GTZ), mit dem im Kaukasus, in den zentralasiatischen Staaten und in der Mongolei international kompatibles Zivilrecht entwickelt und dann über viele Praxisschritte vermittelt wird. Die stärksten Impulse haben diese Projekte von pensionierten Richtern und Professoren erfahren. Ich war dabei, wie sie den in der sowjetischen Rechtspraxis aufgewachsenen Richtern und Staatsanwälten die entscheidenden Hilfen vermittelten. Helmut Heinrichs, ehemaliger Bremer Oberlandesgerichts-Präsident und Mitherausgeber des *Palandt*, hat mir dabei den Eindruck vermittelt, dass gerade ältere Praktiker ein hohes und kritisches Innovationspotential besitzen und zugleich sehr angesehene Vermittler sind. Die Vereinigten Staaten hatten für dieses Projekt junge Hochschulabsolventen angeboten; es waren aber unsere alten Experten, die den Zuschlag erhielten.

Sicher, der Senior-Experten-Service leistet soziales Engagement, das sehr viel Know-how verlangt. Aber auch wer kein Experte ist, kann sich engagieren. Unzählige Menschen tun es schon jetzt.

Zu den beeindruckendsten Beispielen zählt für mich die Arbeit von Gisela Kolaschnik. Diese vitale Frau hat ihre vier Kinder allein und mit Sozialhilfe aufgezogen, nachdem ihr Mann sie verlassen hatte. Alle Kinder haben studiert – allein das ist schon eine große Leistung. Doch Gisela Kolaschnik hat in ihrem Leben noch mehr gestemmt. Sie hat den Alleinerziehenden-Verband in Bremen gegründet und sich mit anderen Frauen verbündet, die ein ähnliches Schicksal hatten. Und als die Kinder aus dem Haus waren, hat sie noch eine Ausbildung zur Behindertenpflegerin gemacht. Inzwischen ist sie in Rente und begleitet immer noch Behinderte in die Stadt oder trifft sich mit alten, einsamen Frauen, erzählt in Altentagesstätten von ihrer Arbeit oder organisiert Feste. Sie ist Anfang siebzig, ihre Kinder leben nicht vor Ort, und ich habe das Gefühl, wenn sie ihre sozialen Aufgaben nicht hätte, hätte sie keinen Grund mehr, vor die Tür zu gehen. Aber so weiß sie, dass sie hoch geschätzt und geliebt und gebraucht wird.

Bei der Bremer Freiwilligen-Agentur, die es seit dreizehn Jahren gibt, melden sich rund 1700 Menschen im Jahr, die Interesse an sozialem Engagement zeigen. Viele von ihnen sind bereits im Rentenalter. Die Agentur veröffentlicht jedes Jahr einen langen Katalog, in dem alle möglichen Einsatzorte aufgelistet sind. Diese Projekte sind wunderbar bunt. Es ist keinesfalls so, dass nur die Kirchen oder Wohlfahrtsverbände die soziale Landschaft unter sich aufteilen. Hier gibt es auch ganz kleine Bürgerinitiativen, die sich für Freiwillige öffnen.

Gerade für jemanden, der sich nach der Pensionierung neu orientieren will und überlegt, was er nun machen könnte, sind diese Freiwilligen-Agenturen, die es in jeder größeren Stadt gibt, eine gute Anlaufadresse. Wer sich dort meldet, wird zunächst einmal ausführlich beraten. Bei diesem Termin erzählt man, was man kann und gerne macht und in welchen Bereichen man zusätzlich zur früheren Berufstätigkeit Erfahrungen gesammelt hat. Wenn man sich für ein Projekt entschieden hat, wird man eingearbeitet. Man ist versichert, falls man einen Unfall erleidet oder verursacht, und man bekommt seine Kosten erstattet. Zusätzlich gibt es Schulungen und Fortbildungen.

Ehrenamtliche Arbeit ist oft nicht leicht. Gerade am Anfang ist es ein Suchprozess, bei dem sich Engagierter und Engagement finden müssen. Wenn es aber gut geht – und es geht erstaunlich oft gut –, dann hat man als älterer Mensch einen Grund, aus dem Haus zu gehen, und die Initiativen, meist unterbesetzt, haben jemanden, der ihnen verlässlich hilft.

Da gibt es zum Beispiel die Obdachlosenhilfe der St.-Stephani-Gemeinde, meiner Kirchengemeinde. St. Stephani ist eine Riesenkirche, 850 Jahre alt, aber die Gemeinde schrumpft, weil in der Innenstadt heute nur wenige Familien wohnen. Und ausgerechnet diese kleine, überalterte Gemeinde hat es sich vorgenommen, an den Wochenenden, wenn alle professionellen Sozialeinrichtungen geschlossen haben, den Obdachlosen ein offenes Haus zu bieten. Diese Obdachlosenhilfe wird überwiegend von älteren Leuten organisiert. Sie sammeln die Spenden und setzen sich zu den Obdachlosen mit an die schön gedeckte Kaffeetafel und sprechen mit ihnen. An manchen Tagen kommen bis zu zweihundert Obdachlose. In der Regel gibt es zuerst etwas zu essen und zu trinken – etwa Kuchen vom Vortag, den die Bäckereien spenden –, und dann werden Brettspiele ausgepackt. Da sitzen dann die Alten und die Obdachlosen zusammen und spielen Schach oder Mensch-ärgere-dich-nicht. Oft ergeben sich Gespräche, bei denen die Obdachlosen mal ihre ganze Not loswerden können. Und wenn es gut läuft, organisieren die Helfer einen Arzt- oder Krankenhausbesuch oder begleiten einen Hilfebedürftigen zum Jakobushaus, der professionellen Bremer Obdachlosenhilfe. Das sind keine netten, fröhlichen Nachmittage, dieses Engagement ist Schwerstarbeit, und zum Glück wird die St.-Stephani-Obdachlosenhilfe von einer gut gemischten Gruppe getragen. Hier arbeiten ältere Lehrerinnen, ehemalige Beamte und Hausfrauen. Das schweißt zusammen und mobilisiert so, dass Zeit und Geld für die Obdachlosenhilfe da sind, regelmäßig, verlässlich und durch keine (sowieso nicht bezahlbare) professionelle Arbeit ersetzbar. Zu solch einer Arbeit muss man einen Draht haben, man muss robust sein – die Obdachlosen benehmen sich nicht immer gut, manche sind betrunken, andere haben Drogen genommen. Je nach Tagesform kann man dort als Helfer in der Küche den Abwasch übernehmen oder sich zu einem Rabaukengrüppchen setzen und dafür sorgen, dass auch die sich beruhigen.

Ich kenne Ältere, die sich in der Brennpunktarbeit der Inneren Mission engagieren. Das ist eine lebenswichtige, aber auch oft deprimierende Arbeit. Diese Freiwilligen gehen auf Müllhalden, in dreckige Hinterhöfe, in leerstehende Wohnungen. Dort finden sie großes Elend: gestrandete, alkoholkranke Frauen, die sich seit Tagen nicht gewaschen haben, nichts gegessen haben, nicht geschlafen haben. Es ist dann gar nicht so einfach, ihnen Vertrauen zu vermitteln, ihnen glaubhaft zu machen, dass man es ehrlich meint, wenn man zu ihnen sagt: Komm mal mit mir, ich besorg' dir ein heißes Bad, ein sauberes Bett, bei uns kannst du dich mal ausschlafen, zu dir kommen, hier musst du keine Angst haben, geschlagen, getreten oder beklaut zu werden. Natürlich gehört zu dieser Form von Arbeit eine gehörige Portion Mut und auch eine soziale Kompetenz, die nicht jeder hat.

Über die Freiwilligen-Agentur kann man auch andere Engagements finden, die nicht so hart sind, zum Beispiel Stadtteilgruppen für den Allgemeinen Deutschen Fahrrad-Club aufbauen. Ich habe den ADFC mitgegründet, bin eines der ersten Mitglieder. Inzwischen ist er der größte europäische Radfahrerverband mit über 110 000 Mitgliedern, der in jeder größeren deutschen Stadt eine oder auch mehrere Gruppen hat. In vielen Stadtvierteln gibt es einen ADFC-Treffpunkt, an dem man sein Fahrrad reparieren lassen kann oder sich Fahrräder ausleihen und gemeinsame Radtouren buchen kann. Wochenende für Wochenende machen diese Gruppen wunderschöne Touren. Da kann jeder für wenig Geld mitfahren, weil die Mitglieder alles selbst organisieren. Wem das zu anstrengend ist, der kann sich aber auch am Wochenende an den ADFC-Stand auf den Marktplatz stellen und dafür werben, dass die Leute auf das Fahrrad umsteigen. Oder man kann Fahrradtechnikkurse anbieten, in denen die Leute lernen, ihr Rad selbst zu reparieren.

Die Bremer Gruppe hat Radwanderungen nach Worpswede oder Grasberg organisiert und später Radwanderwege entwickelt. Für diese Wegenetze haben wir dann politische Überzeugungsarbeit in den Landkreisen geleistet. Später haben wir Reiseführer über unsere Radtouren geschrieben, mit praktischen Tipps, welche Strecken man gut an einem Tag schaffen kann, welche Sehenswürdigkeiten am Wegesrand liegen und welche Übernachtungsmöglichkeiten es gibt. In meinem Alter will man nicht mehr unbedingt zelten, sondern freut sich nach so einer Tour auf eine warme Dusche und ein frisch bezogenes Bett. Inzwischen habe ich das Gefühl, dass die Hälfte derer, die sich beim ADFC engagieren, in meinem Alter sind. Die große Mehrheit von ihnen sind natürlich jüngere Alte, um die siebzig Jahre, die wenigen Hochbetagten werden stolz präsentiert. Was für eine wunderbare Betätigung im Alter! Man kommt vor die Tür, ist unter Menschen, tut etwas für seine Kondition, entdeckt wunderschöne Flecken in der Landschaft, die man mit anderen Verkehrsmitteln gar nicht erreichen würde, und bekommt all dies für wenig Geld.

Meine Großeltern und selbst meine Eltern wären nie auf die Idee gekommen, aufs Rad zu steigen, aber meine Generation, die schon im Schulalter in die Pedale gestiegen ist, entdeckt dieses Gerät nun im Alter neu. Und wer sich nicht mehr durch den dichten Verkehr traut, kann durch einen Park fahren oder im Grünen, wo man nicht fürchten muss, unters Auto zu geraten. Und selbst mit einem größeren Handicap kann man noch Rad fahren – inzwischen gibt es ja diese Fahrräder, die hinten zwei Räder haben und damit stabiler sind. Man muss nur das Selbstbewusstsein und die Begeisterung mitbringen.

Vielleicht ist es sogar so, dass Sport und Bewegung im Alter noch wichtiger werden. Ich habe bei einer Geburtstagsfeier neben einer alten Unternehmerfrau gesessen, die zunächst nur ihre Operationen und Krankheiten aufzählte. Aber dann begann sie zu strahlen und erzählte von einer Studentengruppe, mit der sie regelmäßig organisierte Radtouren und -urlaube macht. Sie ist schon durch Frankreich gefahren und hat sich trotz ihres Gesundheitszustands einen Zugang zu diesem Sport erhalten. Ein ehemaliger Staatsrat von mir, der schwer krebskrank war, hat durch das Radfahren neue Vitalität aufgebracht und seinen Krebs überwunden. Der sitzt so oft wie möglich auf seinem Rad und ist überhaupt nicht mehr zu bremsen.

Ich trainiere regelmäßig mit dem Rennrad und fahre in der Firmenmannschaft von Radio Bremen mit. Wir nehmen sogar an dem größten deutschen Amateurrennen, der jährlichen »Cyclassic« in Hamburg, teil. In unserer Mannschaft ist über die Hälfte der Fahrer in meinem Alter. Mannschaftsfahren ist etwas sehr Teambetontes. Man muss sich kennen und auf Radabstand im Windschatten des anderen fahren. Und wenn der Erste nicht mehr kann, dann wird er abgelöst, und der Zweite zieht an ihm vorbei, um das Tempo vorzugeben – ohne die Gruppe zu überfordern. Diese Aufgabe im Gewühl von tausenden von Radrennfahrern zu lösen – das muss man üben. Aber es ist ein wunderbares Gefühl, zu merken, dass das Fahren in der Gruppe viel besser zu bewältigen ist als allein. Ich bin schneller in der Gruppe, spüre den Wind überhaupt nicht, werde richtig mitgezogen. Es ist schön, zu merken: Ich kann das noch, meine Gelenke halten das aus, meine Muskeln, meine Bänder, ich bin in der Lage, mich selber in Schwung zu halten, mir noch solche körperlichen Belastungen abzuverlangen. Im vergangenen Jahr habe ich vier Tage die Woche trainiert – Minimum dreißig Kilometer, Maximum hundert – doch das genügt nicht, eigentlich müsste ich jeden Tag fahren, um mit der Mannschaft mithalten zu können. Nun versuche ich gerade zusammen mit einem Freund aus unserem Haus, meinen Trainingsrückstand aufzuholen.

Die Freude am Radfahren habe ich aus meiner Kindheit ins Alter gerettet. Ich habe mir als Schüler von dem Geld, das ich mit Nachhilfestunden verdient habe, ein Sportrad gekauft. Mit diesem Rad bin ich von Bremen nach Freiburg zum Studium gefahren, später dann auch die Berge hoch in die Schweiz, nach Frankreich. Und die Lust am Fahren habe ich nie verloren.

Der zweite Sport, den ich von Kindesbeinen an mache, ist das Paddeln. Unser Vater hatte, damit er seine sechs Kinder an die frische Luft bringen konnte, in einem kleinen Wassersportverein einen Kanadier liegen. Mit diesem Kanadier sind wir als Familie, mein Vater, meine Mutter und drei bis vier Kinder dazwischen, die Weser und die Ochtum rauf- und runtergefahren. Seit dieser Zeit wollte ich immer einen Einer fahren, aber das hatte mein Vater nie erlaubt, weil er gerade uns Jungs unter Kontrolle halten wollte – er fürchtete, wir könnten Blödsinn machen.

In diesem Arbeitersportverein, in dem jeder Euro umgedreht und vieles selbst gemacht wird, bin ich noch heute – mit meinen Freunden aus der Grundschule. Und heute fahre ich eben den Einer, den ich als Junge nie haben durfte. »Adelante« heißt mein Boot, auf Spanisch bedeutet dies »Vorwärts«. Die meisten der Wanderkanuten sind in meinem Alter. Mir geht es nicht um Bestzeiten oder Rekorde, sondern ich bin froh, wenn ich ankomme. Und die meisten in diesem Verein sehen das genauso: Leute, die in Pension oder Rente sind, einige inzwischen auch ohne Partner, aber die Gruppe hält sie. Alle duzen sich, jeder bringt für jeden etwas mit, man isst gemeinsam, kocht am offenen Feuer, zeltet. Alles ganz bescheiden, ganz liebevoll, ganz umweltfreundlich und ganz still – Wanderkanuten wollen ja so viel wie möglich von der Natur um sie herum mitbekommen: an der frischen Luft, die Frösche und Vögel um einen herum, wunderschöne Blumen an den Bachrändern, Lilien und andere Pflanzen, die inzwischen nicht mehr mit Gift bearbeitet werden. Wir haben schon große Touren gemacht, sind über den Jadebusen und fast die gesamte Elbe raufgepaddelt, haben die ostfriesischen Inseln abgefahren. In diesem Jahr wollen wir von Hannoversch-Münden nach Bremen die gesamte Weser herunterpaddeln. Dieser Sport ist eine Mischung aus körperlicher Bewegung, ohne sich zu überfordern, und einer großen Nähe zur Natur – eine wunderbare Erholung, von der man Wochen nach der Tour noch zehrt.

Mein Vater hatte von einem kinderlosen Bauern ein Stück Land vor dem Deich geschenkt bekommen. Dort hatten wir ein kleines Häuschen. Wenn wir Kinder im Sommer dort gespielt haben, fuhren draußen große private Segelyachten und die Boote der Segelkameradschaft »Das Wappen von Bremen« vorbei. Die haben wir Jungs immer bestaunt. Da mein Vater kein Geld für so einen teuren Sport hatte, haben wir in der Segelkameradschaft dann im Winter die Boote abgeschmirgelt und durften gegen unsere Arbeitsscheine, die wir dafür bekamen, Jollen segeln. Als ich Sportsenator wurde, hat mich die Kameradschaft dann eingeladen, mit nach Helgoland zu segeln.

Der besondere Reiz am Hochseesegeln liegt wie auch beim Paddeln oder Radrennen in der Tatsache, dass es in der Gruppe stattfindet. Solch eine große Yacht kann man nur mit zehn Leuten fahren, Tag und Nacht ist man dann zusammen, über drei Wochen lang. Da muss man sich schon gruppenverträglich verhalten. Jeder muss alles machen. Jeder muss mal navigieren, jeder einmal in die Kombüse, jeder einmal aufs Vorschiff.

Man ist aufeinander angewiesen – da sind Meckern und Klagen verpönt. Aber in der Regel funktionieren diese Gruppen wunderbar. Dafür sorgen die Schiffer, erfahrene Vereinssegler, die sich ihre Mannschaften vorher mit Bedacht zusammenstellen. Im Idealfall bewegen sich auf so einem Schiff drei Generationen – die Leute in meinem Alter, von denen immer genug mitmachen, Leute um die vierzig und der Nachwuchs um die zwanzig Jahre, um den wir uns sehr bemühen müssen. Es ist eine große Erfahrung, auf einer solchen Nussschale in den Weltmeeren unterwegs zu sein – zwischen Eisbergen, manchmal mit Walen oder Tümmlern rechts und links. Ich bin auf diese Weise vor vier Jahren nach Spitzbergen gekommen. Neben unserer Segelkameradschaft gibt es nur noch zwei weitere Vereine in Deutschland, den »Akademischen Segler-Verein in Kiel« und den »Akademischen Segelclub Hamburg«, die hochseetaugliche Boote unterhalten. Wir finanzieren uns über eine Umlage, so dass auch Studenten und andere Leute, die kein Geld haben, bei uns mitsegeln können – wir unterhalten Vereinsschiffe, keine Eignerschiffe. Hochseesegeln bedeutet ein Sich-Einlassen auf eine völlig andere Welt, eine Auszeit, die einem die Chance bietet, sich selbst neu zu sortieren. Inzwischen bieten ja Klöster Klausuren und Psychogurus Selbstfindungskurse an – Segeln ist für mich eine viel intensivere Erfahrung, und eine selbstgemachte dazu.

Diese Sportarten verlangen einem körperlich sehr viel ab. Doch Sport bedeutet nicht, sich vollkommen zu verausgaben, sondern mit Freude und Ausdauer etwas für sich zu tun. Mit achtzig Jahren muss man keinen Leistungssport mehr treiben, es gibt auch sanftere Möglichkeiten, sich in Schwung zu halten – etwa Wassergymnastik, Walken oder Yoga. Wichtig ist, etwas regelmäßig zu tun. Und zumindest Yoga (und einige andere Sportarten auch) kann man, mit etwas Glück, auch noch mit neunzig machen. Ich beobachte übrigens, dass Frauen hier gewitzter sind als Männer. Sie suchen sich rechtzeitig Sportarten und Hobbies, die sie noch lange verfolgen können.

* * *

Man darf das Thema Freizeitgestaltung im Alter nicht gering schätzen. Es geht im Leben nicht nur darum, etwas für andere zu tun – man muss und soll auch etwas für sich selbst tun: sich etwas Gutes tun, nachdem man jahrelang getan hat, was getan werden musste. Manche träumen davon, noch einmal an die Universität zu gehen, um das zu studieren, was sie früher aus Vernunftgründen nicht studiert haben – etwa Kunstgeschichte oder Philosophie. Nach Daten des Statistischen Bundesamtes waren im Wintersemester 2004/2005 an deutschen Hochschulen rund 38 900 Gasthörerinnen und Gasthörer gemeldet. Und das Interesse an einem Gaststudium wächst unter den Älteren: Rund 47 Prozent der Gaststudierenden waren älter als sechzig Jahre – ihr Anteil hat sich innerhalb der letzten zehn Jahre damit fast verdoppelt. Sicher, im Verhältnis zu der Zahl von zwei Millionen Rentnern sind dies nur wenige. Doch wer sagt, dass nur Bildung eine sinnstiftende Tätigkeit im Alter ist? Den höchsten Anteil der Betätigungen im Alter – gerade im höheren Alter – nehmen immer noch die klassischen Hand-, Bastel-, Heimwerker- und Gartenarbeiten ein. Rund drei Viertel der 40- bis 69-Jährigen und zwei Drittel der 70- bis 85-Jährigen geben eine solche Beschäftigung an. Aber egal, was jemand macht: Wichtig ist, Tätigkeiten zu finden, die dafür sorgen, dass man nicht schon vormittags auf das Fernsehprogramm wartet.

Der Deutsche Chorverband hat mehrheitlich ältere Sängerinnen und Sänger. Traditionell ist dies ein Problem. Früher galt die Faustregel, mit sechzig Jahren müsse man den Chor verlassen, weil die Stimme nicht mehr mitmacht. Früher versuchte man, diese alten Sänger mit möglichst viel Taktgefühl loszuwerden. Heute gehen wir mit ihnen vitaler um. Altensingen, das jahrzehntelang als Handicap betrachtet wurde, versuchen wir nun regelrecht zu propagieren. Es gibt Untersuchungen, die belegen, dass Menschen, die ihr Leben lang gesungen haben, zehn bis zwölf Jahre länger leben – weil sie ihre Lungen trainiert haben, weil sie Frust rausgelassen haben, weil sie nicht immer alles in sich hineinfressen, sondern rauslassen. Derzeit erarbeiten wir mit Fachleuten Materialien, die sich zur Stimmbildung im Alter besonders eignen. Wir sichten, welche Chorsätze Alte vor Überforderung bewahren, welche auch mit einem alten Chor noch gut klingen. Zum Beispiel bekommen Frauen die hohen Frequenzen, einen hohen, strahlenden Sopran, nicht mehr hin. Bei den Männern ist es der Tenor, der zunehmend Schwierigkeiten bereitet. Aber man kann auch in mittleren Lagen noch wunderbare Partituren singen. Und ich spüre, dass diese Arbeit gut ankommt. In Bremen ist einer der größten Chöre mit 240 Mitgliedern nur mit alten Sängerinnen und Sängern besetzt – alles Mitglieder, die aus anderen Chören mehr oder weniger höflich hinauskomplimentiert wurden. Die hat der Leiter Heribert Langosch dann eingesammelt, und nun gibt dieser Chor sehr schöne Konzerte. Wir fördern auch, dass alte Sängerinnen und Sänger in die Kindergärten gehen und dort mit den Kindern gemeinsam singen. Das ist übrigens für beide eine schöne Erfahrung – in den meisten Familien wird zu Hause gar nicht mehr gesungen. Auch um diese Tradition zu pflegen, den Kindern Spaß am Singen zu vermitteln, ist unser Projekt sehr wichtig.

Meine Geschwister haben als Kinder von meinem Vater einen kleinen Fotoapparat geschenkt bekommen – ich wollte aus Opposition heraus damals keinen, ich wollte malen. Also male ich, wenn ich unterwegs bin, seit meiner Schulzeit. Aber ich habe es nie geschafft, auch im Alltag zu malen, dafür musste ich schon verreisen. Nach meiner Pensionierung habe ich mich einer Aquarellklasse angeschlossen. Nun gehen wir zwanzig Weißhaarigen in den Bremer Bürgerpark und suchen mit einer pensionierten Zeichenlehrerin unsere Motive. Da sitzen wir dann zwei Stunden am Vormittag und aquarellieren und werden von unserer Lehrerin beraten, die uns behutsam auf Fehler hinweist. Und wenn wir fertig sind, gehen wir von Bild zu Bild und besprechen die eigenen Werke und die der anderen. Ich muss dann jedesmal schlucken, weil ich feststelle, dass ich eher zum unteren Drittel der Klasse gehöre – da malen viele sehr viel besser als ich. Aber es geht in diesen Stunden nicht um Leistung, es wird nicht gemobbt, sondern man versucht sensibel, sich gegenseitig Tipps zu geben und sich zu verbessern. Mich begeistern diese Vormittage. Ein Stuhl, ein Pöttchen Wasser, der Malkasten, Papier und Pinsel genügen. Ich habe einen Miniaufwand, sitze im Grünen, beobachte genauestens die Natur, höre die Vögel zwitschern und konzentriere mich ganz auf mein Objekt. Malen ist eine sehr intensive Form der Aneignung, man sieht sich in Struktur und Proportion und Licht und Farbe hinein. Fromme Leute würden sagen, dies sei ein Gebetserlebnis, Esoteriker würden sagen, dies sei eine große Meditation. Man ist ganz bei sich selbst, vergisst seine Umwelt und versinkt völlig in dieser Tätigkeit. Für dreißig Euro für den Sommerkurs.

Es kommt nicht darauf an, wofür man sich interessiert, Hauptsache, man interessiert sich, hält sich wach und rege. Meine Schwiegermutter lebte für ihren Bridge-Club. Wenn es wieder so weit war, dann machte sie sich schick und zog los, manchmal vergaß sie sogar vor lauter Vorfreude ihren Stock im Altersheim! Hobbies verbinden, gerade wenn man sie jahrelang betrieben hat. Nur nicht aufgeben!

6. Gemeinsamkeit

Im vergangenen Herbst war ich mit meiner Frau in Beirut. Ein Unternehmer palästinensischer Herkunft, der in Bremen 120 Leute beschäftigt, hatte uns eingeladen. Er stammt aus Beirut, aus dem Flüchtlingslager Sabra, in dem 1982 christliche Milizen ein Massaker verübten. Zwei Brüder hat der Geschäftsmann damals verloren. Sein alter Vater lebt dort noch heute, in einer Trümmerstadt, ohne jede Infrastruktur, ohne verlässliche staatliche Ordnung. Der Unternehmer hatte ihm eine schöne Wohnung im Norden von Beirut gekauft – in einer guten, ruhigen und vor allem friedlichen Wohnlage. Aber der Vater hat abgelehnt. Er wollte nicht seine Nachbarn, seine vertraute Umgebung verlassen.

So wie diesem alten Palästinenser geht es uns auch. Die Rente als späte Freiheit, in der ich mich nach Miami Beach oder Mallorca absetze, ist Selbstbetrug. Was soll ich am Strand? Meine Haut verträgt die Sonne nicht mehr. Was soll ich in einem fremden Land? Ich spreche die Sprache nicht und warte nur auf das deutsche Abendprogramm, das mir per Satellit ins Wohnzimmer flimmert. Nein, die große Mehrheit alter Menschen möchte nicht als Urlauberkarikatur wahrgenommen werden. Die große Mehrheit alter Menschen sucht so wie ich nach der neuen Rolle, die sie in dieser Gesellschaft spielen kann. Und wir suchen sie dort, wo wir aufgewachsen, wo wir durch unsere Arbeit, Familie und Nachbarschaft verortet sind.

Was vielen wegen der unzähligen Medienberichte über Pflegeheime und Altersresidenzen kaum bewusst sein dürfte: Die meisten älteren Menschen wohnen auch heute noch in ihren eigenen vier Wänden – 93 Prozent sind es nach dem *Dritten Altenbericht* der Bundesregierung. Lediglich fünf Prozent der heute über 65-Jährigen leben in Heimen. Doch zwei Entwicklungen werden diese Situation verändern: Die Alten werden mehr, und die familiären Strukturen, die ein Leben zu Hause ermöglichen, verändern sich. Single-Haushalte und Kinderlosigkeit nehmen zu. Und der Arbeitsmarkt, der heutzutage eine hohe Mobilität erfordert, sorgt dafür, dass Familienmitglieder häufig weit voneinander entfernt leben. Wie werden wir angesichts dieser Entwicklungen im Alter wohnen? Wer wird uns unterstützen, wenn wir zu schwach geworden sind, um unsere Einkäufe selbst zu erledigen? Wer ruft den Arzt, wenn wir gestürzt sind?

In den vergangenen Jahren ist das Interesse an alternativen Wohnformen stark gewachsen, vielleicht auch wegen dieser gesellschaftlichen Entwicklung. Zwar leben zur Zeit nur ein paar hunderttausend Menschen in Gemeinschaftswohnprojekten oder betreuten Wohnungen. Schätzungen der Bertelsmann-Stiftung und des Kuratoriums Deutsche Altershilfe gehen davon aus, dass etwa zwei Prozent der 65-Jährigen und Älteren diese so genannten neuen Wohnformen nutzen. Das ist nicht viel. Und vielleicht wird gemeinschaftliches Wohnen im Alter nie die durchgängige Lebensform sein. Aber ich bin mir sicher, dass das Interesse daran weiter wachsen wird. Anders lässt sich unser bevölkerungspolitischer Spagat – immer mehr Alte, immer weniger Kinder – auch gar nicht aushalten.

Was den gemeinschaftlichen Wohnformen in den Industrieländern so im Wege steht, ist unser Hang zur Individualisierung. Unsere Gesellschaften haben gewissermaßen jahrzehntelang die Anonymität trainiert. Das war eine Riesenfalle. Diese Hollywood-Welt, die uns vorgaukelt, es sei schick, sich jedes Jahr eine neue Frau zuzulegen, ist bindungskrank. Diese Schlösser der Schönen und Reichen, die uns im Fernsehen vorgeführt werden, sind in Wirklichkeit einsame Angsthöhlen. Stellen Sie sich vor, Sie leben in einer solchen Villa am Rande der Stadt oder inmitten eines riesigen Parks: Früher oder später bekommen Sie Angst, dass Sie ausgeraubt werden. Früher oder später installieren Sie Sicherheitssysteme. Und früher oder später werden Sie von dem Blinken und Piepen Ihrer eigenen Überwachungsanlage neurotisch. Es kommt auf den Gebrauchswert einer Immobilie an. Denn welchen Wert haben Glasveranden oder die eine große Party im Jahr, wenn man sich Nacht für Nacht verbarrikadieren muss und vor lauter Angst kein Auge zumachen kann? Wer in vertrauter Nachbarschaft wohnt, hört vielleicht das Radio von oben oder den Fernseher von nebenan, aber er weiß, dass er sich beruhigt ins Bett legen kann und keine Angst vor Einbrechern haben muss.

Dass es in Deutschland bislang so wenig Nachbarschaftsprojekte und Gemeinschaftswohnungen gibt, hat auch viel damit zu tun, dass Wohnen hierzulande eher materiell betrachtet wird. An erster Stelle steht der Preis. Dann folgen Quadratmeter, Bausubstanz, Infrastruktur und Umgebung. Wer macht sich beim Kaufen oder Mieten einer Immobilie schon die Mühe, sich erst einmal in Ruhe mit den potentiellen Nachbarn zu unterhalten, um herauszufinden, ob man mit denen wohl gut zusammenleben kann? Wer sich aber heute mehr Gedanken darüber macht, wie er künftig leben will, dem kommt zu Hilfe, dass die Wohnungsnot bewältigt ist. Ab einem Leerstand von drei Prozent gibt es faire Bedingungen für Mieter und Käufer, und wir haben inzwischen sogar ein Überangebot an Immobilien. Damit sind die Zeiten vorbei, in denen es panisch hieß: Hauptsache, ein bezahlbares Dach über dem Kopf. Der Leerstand sorgt dafür, dass man sich mit der Wohnungssuche Zeit lassen kann. Man kann sich in Ruhe überlegen: Geht es mit diesen Nachbarn oder geht es nicht? Man kann Wohnprojekte ausprobieren. Wenn es nicht klappt, zieht man eben wieder aus.

Wie also wollen wir im Alter wohnen? Welche Formen sichern unsere Eigenständigkeit, welche werden unseren schwindenden Kräften gerecht? Gemeinschaftliches Wohnen ist nicht gleich Alten-WG. Zwischen einer anonymen Ein-Zimmer-Wohnung im Hochhaus und der geselligen Pflege-Wohngemeinschaft auf dem Lande gibt es genügend Varianten, die ein hohes Maß an Individualität und Freiheit zulassen. Je mehr Differenzierung, umso besser. Alte Menschen sind keine Zwangsneurotiker, alte Menschen wollen leben, wollen auch Neues ausprobieren, sind neugierig auf andere Menschen. Der eine erträgt mehr Nähe, der andere weniger. Diesen individuellen Vorstellungen muss Rechnung getragen werden, denn unter Zwang ist Gemeinsamkeit nicht zum Aushalten. In der Sowjetunion entstanden – aus großer Wohnungsnot – die berühmt-berüchtigten Kommunalwohnungen. Große, alte Bürgerwohnungen wurden mit Menschen vollgestopft. In jedem Zimmer lebte eine Familie – ein Bad und eine Küche mussten für alle reichen. In diesen Kommunalwohnungen muss der Alltag ein zermürbender Nahkampf gewesen sein. Doch selbst unter diesen katastrophalen Bedingungen ist manchmal etwas Gutes entstanden. Ich habe einmal eine solche Kommunalwohnung in Puschkin in der Nähe von St. Petersburg besucht. Dort lebten über dreißig alte Leute seit beinahe vierzig Jahren zusammen in einer Wohnung. Und diese Greise, die als junge Menschen willkürlich zusammengepfercht wurden, sind heute Freunde – obwohl sie so eng wohnen, obwohl die Räume so hellhörig sind. Sie haben das Beste daraus gemacht, haben sich nicht noch zusätzlich gequält. Und so ist aus dieser Zwangsmaßnahme eine lebenslange Unterstützungs-Wohngemeinschaft geworden.

Gemeinsam leben muss man lernen. Wer noch nie mit anderen zusammengewohnt hat, wird es im Alter schwer haben, sich auf andere Menschen und ihre Gewohnheiten einzustellen. So ist es ja auch im Beruf – man kann im Alter eher an eine Tätigkeit anknüpfen, die man früher bereits einmal ausgeübt hat. Was das Wohnen anbelangt – ob in einer engen Nachbarschaft, in einem Mehrgenerationenhaus oder in einer Alten-WG: Man muss in jedem Falle neugierig auf andere Leute sein und sich selbst auch zurücknehmen können. Angesichts unserer demografischen Entwicklung müssen wir wegkommen von unseren isolierten Einzelzellen, wenn wir uns Lebensqualität und Lebenssinn erhalten wollen. Die Architektur kann hierfür sicher Weichen stellen, aber die Initiative zu mehr Gemeinsamkeit muss von den Bewohnern, muss von uns allen ausgehen.

* * *

In Bremen gibt es großartige Beispiele generationenübergreifender Nachbarschaften, die Lebensqualität für Junge und Alte bieten. Ich stamme aus der Bremer Neustadt. Dieses Viertel aus dem 19. Jahrhundert, kleine Reihenhäuser, galt lange Zeit als völlig überaltert. Dort zog man nicht hin. Und so wurden viele Bewohner mit ihren Häusern dort sehr alt. Doch in den achtziger Jahren entdeckten plötzlich junge Familien diese alten Bremer

Häuser für sich. Mitten in der Stadt, kleine ruhige Gärten – so unattraktiv war die Gegend plötzlich doch nicht mehr. Ohne dass in der Neustadt viel verändert wurde, ist plötzlich etwas Neues entstanden. Man sieht es dem Viertel an: Es ist bunter geworden, Kinderfahrräder stehen herum, auf den Straßen wird gespielt. Plötzlich gibt es Büchereien, Buchhandlungen, Cafés, in denen junge und alte Leute sitzen, spannende Kneipen, in die man auch noch als Siebzigjähriger gehen kann. Es gibt wieder kleine Läden, in denen man seinen alltäglichen Bedarf an Lebensmitteln decken kann. Es sind sogar zwei Theater und eine Hochschule dort entstanden. Die Bewohner kennen sich, reden sich mit Vornamen an, bleiben auf der Straße stehen, um kurz miteinander zu sprechen. Und die Alteingesessenen? Die haben keineswegs die Polizei gerufen, weil sie sich von dem Kinder- und Straßenlärm belästigt fühlten. Im Gegenteil: Viele meiner einstigen Nachbarn empfinden die jungen Leute als Aufwertung ihrer Nachbarschaft. Endlich wieder Leben in der Bude!

In Bremen-Nord gibt es ein anderes Beispiel gelungener Stadtnachbarschaft. Hier ist eine kleine Wohnungsbaugenossenschaft, die GeWoSi, Kern des Zusammenlebens. Eine funktionierende Einheit, in der die Wohnungseigentümer tatsächlich noch Genossen sind. Der Zusammenhalt dort speist sich daraus, dass man seit Generationen zusammenlebt und einander kennt. Die gemeinsame Schulzeit, die gemeinsame Berufszeit verbindet, der Sportverein und auch die Wohlfahrtsorganisation, bei der man sich zum Altenkaffee trifft. Eine gewachsene Struktur, in der es selbstverständlich ist, die alte Nachbarin von oben zu ihrem Krankengymnastik-Termin zu bringen oder ein Auge auf die Kinder im Haus zu haben. Wenn man genau hinsieht, ordnet sich Bremen, das mit seinen 580 000 Einwohnern zu den großen deutschen Städten gehört, in ein buntes Patchwork solcher Stadtviertel.

Glücklicherweise gibt es in allen Städten Menschen, die tief mit ihrem Quartier, ihrem Kiez, ihrem Viertel verwurzelt sind. Diese Alteingesessenen können die Integration Neuzugezogener erst möglich machen – nicht immer, aber oft. Das Miteinander von urwüchsigen und neuen Strukturen, alten und jungen Leuten, altbackenen und hippen Veranstaltungen ist urban. Urban zu leben ist mehr, als viele Leute auf einen Platz zu stapeln und dann zu sagen: Nun seht mal zu, wie ihr miteinander klarkommt. Urbanität heißt Austausch. Wenn dieser Austausch nicht gelingt, dann zerfallen die Zentren in Katastrophengebiete. Da liegt dann jemand zwei Jahre tot in seiner Wohnung, und kein Mensch nimmt das wahr.

In den US-amerikanischen Großstädten kann man sehr genau beobachten, was sechzig, achtzig Jahre Stadtzerstörung anrichten. Die Landschaft um die Städte herum ist zersiedelt, dort steht ein Gartenzaun neben dem anderen, bis an den Horizont. Und im Stadtkern selbst stehen die Geschäfte, die Wohnungen leer. Dort haben sich Slums gebildet, dort leben die Ärmsten. Inzwischen haben die Amerikaner größte Mühe, ihre Innenstädte wieder zu beleben. Aber auch in Deutschland kann man das Ergebnis gescheiterter Städteplanung beobachten, wenn auch nicht in diesem dramatischen Ausmaß. Verödete Innenstädte, weil die Menschen in den Randgürtel zogen und die Einkaufszentren auf die grüne

Wiese gesetzt wurden, gibt es auch hier. Angesichts der schrumpfenden Städte – gerade in Ostdeutschland – findet nun endlich ein Umdenken statt. Nun wird überlegt, wie man mit Leerstand und fehlender oder fehlkalkulierter Infrastruktur umgeht, so dass für die verbliebenen Bewohner ein lebenswertes Umfeld bleibt oder entsteht.

Natürlich entsteht soziales Miteinander in alten, gewachsenen Stadtvierteln leichter als in den großen Wohnbausiedlungen, in denen sich die Nachbarn häufig nicht einmal grüßen, wenn sie sich auf den Fluren oder auf der Straße begegnen. Aber auch in den Nachkriegswohnanlagen und Mietkomplexen kann man mehr Kontakt untereinander fördern. Dafür muss zunächst einmal die Infrastruktur stimmen. Man braucht auch in diesen Vierteln einen Mix aus Eigentums- und Mietwohnungen, damit es immer auch Bewohner gibt, die sich für die Immobilie verantwortlich fühlen. Man braucht Kinderbetreuung vor Ort, damit die Gegend für junge Familien attraktiv wird. Und man braucht eine fußnahe Lebensmittel- und medizinische Versorgung, damit die älteren Bewohner ihre täglichen Gänge selbst erledigen können. Die großen Einkaufszentren auf der grünen Wiese sind gerade für Ältere eine Katastrophe: Weil sie nicht mehr Auto fahren können oder wollen, sind sie plötzlich auf fremde Hilfe angewiesen, obwohl sie noch gut zu Fuß sind. Ohnehin scheint mir der Trend, aufs Land zu ziehen, gebrochen zu sein. Und das hat viel mit der mangelnden Infrastruktur dort und unserer älter werdenden Gesellschaft zu tun. Wer alt ist, braucht den Arzt nebenan und will nicht mehr bis in die nächste Kreisstadt fahren müssen.

In den gigantischen Wohnanlagen der Großstädte sind es häufig Sozialarbeiter, die die Nachbarn zusammenbringen müssen. Von allein kommt dort eine aktive Nachbarschaft meist nicht zustande. Doch ich will die Menschen nicht abhängig machen von Sozialarbeit – meist genügen Anstöße, und dann werden die Netzwerke selbst geknüpft. Ein Quartiersmanager könnte zum Beispiel einmal im Monat einen Nachbarschaftstreff organisieren, in dem sich die Anwohner austauschen und kennen lernen, aber auch gemeinsame Projekte entwickeln können. Warum kann sich eine Mieter- und Eigentümergemeinschaft nicht vornehmen, die Gartenanlagen gemeinsam zu pflegen, warum muss man dafür einen Gärtner einstellen? Warum überlegt man sich nicht, die Balkone gemeinsam zu begrünen, und lernt sich beim Planen und Pflanzen kennen? Warum lässt man das Treppenhaus umlagefinanziert von Fremden sauber machen, wenn man doch beim Wischen einen netten Plausch halten könnte? Über solche einfachen Aktionen kann eine neue Nähe zu den Nachbarn entstehen, die dann vielleicht auch im Alltag trägt.

Der Bremer Senat hat ein Programm entwickelt, das hierbei hilfreich sein kann. »Wohnen in Nachbarschaft« (WiN) ist der Versuch, in großen Stadtvierteln bunt gewürfelte und lebendige Gesellschaften zu entwickeln. Die Bauverwaltung gibt den Anstoß für entsprechende Projekte. Zuerst geht es darum, durch kleine Aktionen die Nachbarschaft miteinander bekannt zu machen. Das kann ein ehemaliges Ladenlokal sein, das zu einem Nachbarschaftstreff umgebaut wird, das kann aber auch die Kinderbetreuung für ein Haus sein oder eine Führung durch die Innenhöfe des Quartiers. Am Anfang des Programms steht Arbeit für das Gemeinwesen: Erst wenn diese gut läuft und sich Nachbarn zusammentun, dann gibt die Bauverwaltung auch Gelder für Umbaumaßnahmen im größeren Stil. Dann werden in den Blöcken ganze Hochhäuser abgerissen, damit die Nachbarschaft überschaubarer wird. Dann wird umgebaut, damit auch junge Familien und pflegebedürftige Menschen geeignete Wohnungen im Block finden. Dann werden sogar Wände eingerissen, damit Wohnungen zu einer Veranstaltungsetage oder zu einer großen Wohngemeinschaft zusammengelegt werden können. Die Wohnungsbaugesellschaften nehmen in Kauf, dass sie die Wände vielleicht irgendwann wieder zumauern müssen, wenn die Gemeinschaft zu Bruch gegangen ist. Denn ihnen ist daran gelegen, die großen anonymen Quartiere zu durchwirken, damit sie Bewohner anziehen, die sich mit ihrem Block identifizieren und ihn lebenswert erhalten. Ein Bekannter von mir, Joachim Barloschky, ist Quartiersmanager in Osterholz-Tenever geworden, das ist ein Viertel in Bremen, das den Plattenbausiedlungen Hellersdorf und Marzahn in Berlin nahe kommt. Er leistet dort eine hervorragende Arbeit – er hat die Kirche, die Geschäftsleute, die Politik und viele der nicht gerade gut situierten Bewohner an einen Tisch bekommen und damit das Viertel gerettet.

Selbst in Gegenden, in denen sich früher die Reichen voneinander mit mächtigen Villen abgegrenzt haben, ist eine enge Nachbarschaft möglich. Eines der schönsten Wohnquartiere in Bremen ist Schwachhausen, ein Villenviertel aus dem 19. Jahrhundert. Inzwischen wohnen dort Lehrer, Professoren und Freiberufler, die sich allein diese großen, teuren Häuser gar nicht leisten könnten. Aber sie haben für das fehlende Geld eine Lösung gefunden: Sie kaufen sich gemeinsam eine Villa und teilen die Etagen unter sich auf. Diese charmanten Viertel gibt es in jeder größeren Stadt, und meistens funktionieren sie wunderbar. Dort gibt es Kinder, dort sind die besten Schulen, weil es engagierte Elternhäuser gibt, dort arbeiten die Anwohner in den Vereinen und Kirchen mit und halten diese lebendig.

Aber man darf diese Viertel auch nicht zu Oasen machen. In Bremen haben wir gerade in diesen bildungsbürgerlichen, gut situierten Gegenden mehrere schwierige soziale Einrichtungen untergebracht – die Frauenhäuser, die Wohngemeinschaften der schwer erziehbaren Jugendlichen, Behinderten und psychisch Kranken. Anfangs haben sich die Bewohner gewehrt, wollten ihre Ruhe haben. Aber dann hat sich diese Nachbarschaft ganz schnell um »ihre« Benachteiligten gestellt und eine regelrechte Infrastruktur für sie entwickelt. Wenn in Schwachhausen heute ein psychisch Kranker auf der Straße herumirrt, findet sich sofort jemand, der ihn nach Hause bringt. Und wenn wieder die Punks von nebenan durch die Gegend ziehen, sagen sich die Älteren: Ach, das legt sich wieder. Man kennt sich eben.

In diesen Altstadtquartieren, in denen früher mehrheitlich CDU gewählt wurde, feiern die Grünen inzwischen ihre größten Erfolge und erlangen einen Stimmenanteil von bis zu vierzig Prozent. Es gibt etliche Familien, da wählt der Vater CDU und Mutter und Kinder grün. Das ist für mich ein sicheres Indiz dafür, dass es in diesen Vierteln gärt, etwas in Bewegung gerät, sich vitalisiert. Die Menschen dort emanzipieren sich, lösen sich von ihren traditionellen Rollen und gehen auch anders miteinander um. Man wird toleranter und kann mehr mit Nachbarn anfangen, die nicht so denken und sind wie man selbst. Von so einer offenen Gesellschaft profitieren dann Junge und Alte. Denn welche junge Mutter möchte schon dem griesgrämigen Achtzigjährigen von nebenan mal eben etwas vom Supermarkt mitbringen? Und welcher Rentner will am Nachmittag auf die aufsässigen Kinder der arroganten Familie von gegenüber aufpassen?

Angesichts der Tatsache, dass die meisten Menschen sich wünschen, in ihren eigenen vier Wänden alt zu werden, und tatsächlich ja auch der überwiegende Teil im hohen Alter zu Hause bleibt, ist ein behutsames Quartiersmanagement sehr wichtig. In funktionierenden, eng miteinander verzahnten Nachbarschaften kann man beruhigt alt werden. Es wird immer jemand aus dem Haus oder in der Straße da sein, der sich um einen kümmert, wenn man nicht mehr so mobil ist.

Und letztlich profitieren natürlich alle Altersgruppen von lebenswerten und sozial ausgewogenen Nachbarschaften.

* * *

Bislang waren es vor allem die Partner oder Kinder, die es den meisten Menschen ermöglicht haben, auch bei Gebrechlichkeit in den eigenen vier Wänden zu bleiben. Die zunehmende Kinderlosigkeit und die vielen Single-Haushalte werden hier eine Veränderung auch für das Leben im Alter mit sich bringen. Selbst nette Nachbarschaften werden nur in Ausnahmefällen einem hilfebedürftigen Menschen ermöglichen können, sein Leben weiterhin in der gewohnten Umgebung zu leben. Wer auf dauerhafte Hilfe angewiesen ist, braucht Verbindlichkeit. Aber wer steht für einen ein, wenn es die eigene Familie nicht tun kann? In diesem Bereich zeichnet sich seit einigen Jahren eine spannende Entwicklung ab. Es entstehen Wohnformen, in denen sich Menschen gegenseitig stützen, die nicht miteinander verwandt sind. Bereits mehrere tausend dieser Projekte – von der lockeren Hausgemeinschaft bis zur engen

Alters-WG – sind über die Republik verteilt. Die Stadt Bielefeld etwa hat im großen Stil mit ihren Wohnungsbaugesellschaften Mehrgenerationenhäuser entwickelt – sehr erfolgreich. Bremen muss hier noch lernen. Immerhin gibt es bei uns Bauunternehmer – einer von ihnen ist Peter Sakuth, ein ehemaliger Senator –, die solche Häuser anbieten und diesen wachsenden Markt für sich entdeckt haben. Sakuth ist durch seine langjährige politische Arbeit und durch seine Arbeit in Vereinen so gut in der Stadt vernetzt, dass er sich gezielt künftige Eigentümer für seine Häuser suchen kann. Dabei geht er sehr geschickt vor, mischt betuchte Ältere mit jungen Familien, die ihre Wohnung über einen Kredit finanzieren müssen. So hat er das Bauprojekt solide finanziert und stellt zugleich eine gute Altersmischung im Haus sicher. Während der Planungsphase haben die künftigen Bewohner ausreichend Gelegenheit, sich kennen zu lernen und ihre Vorstellungen auszutauschen. Das ist wichtig genug: In diesen Häusern wird das Gemeinschaftseigentum gemeinsam betreut – die Flure, der Waschkeller, der Partyraum. So ein gemeinsames Haus erfordert natürlich mehr Verbindlichkeit, Verlässlichkeit und Toleranz als eine noch so enge Nachbarschaft, in der man sich sehr viel mehr voneinander abgrenzen kann.

Im Bremer Stadtteil Huchting hat die Arbeiterwohlfahrt eine Alten-Wohngemeinschaft gegründet, mit Platz für dreizehn Menschen. Diese Rentner, überwiegend sind es Frauen, wurden nicht einfach zusammengepfercht, sondern hatten über einen längeren Zeitraum die Möglichkeit, sich kennen zu lernen. Zunächst hatte die AWO zu einer Veranstaltung eingeladen, in der sie das Projekt vorstellte. Die Interessierten haben sich dann auf Wochenendausflügen und Urlaubsfahrten besser kennen gelernt. Erst nach dieser Phase stand die Entscheidung für das gemeinsame Wohnen an. Diese Wohngemeinschaft ist erstaunlich stabil – vielleicht liegt es auch daran, dass jeder eine kleine Teeküche und ein Bad für sich hat. Man kann sich in das gemeinsame Wohnzimmer oder in die große Gemeinschaftsküche setzen – man muss aber nicht. Inzwischen sind dort manche Bewohner dement, was für die anderen natürlich anstrengend und nicht ohne professionelle Hilfe zu bewältigen ist. Aber es geht. Und das Interesse an einem Platz in dieser WG ist riesig.

In der Schweiz gibt es einen großen Bauernhof, auf dem alte Knechte und Mägde, die ihr Leben lang angestellt waren, gemeinsam leben und arbeiten. Dieser Hof ist komplett in der Hand von Siebzig- bis Neunzigjährigen. Und das funktioniert seit mehr als sechzig Jahren! Die Alten erwirtschaften so viel Gewinn, dass sie sich selbst versorgen können. Es ist ein wunderbares Projekt und für die alten Menschen ein regelrechtes Lebenselixier. Sie bleiben in ihrer gewohnten Umgebung, verrichten die Arbeit, die sie ihr Leben lang getan haben – aber sie haben nun ihre Freiheit, sind ihr eigener Herr und arbeiten nur so viel, dass es zum Leben reicht. Von wegen, im Alter wird man abhängig – man muss sich nur gegenseitig stützen!

Inzwischen bieten in Deutschland sogar Pflegedienste Alten-WGs an; diese sind schon fast »Pflegenester« und müssten eigentlich der Heimkontrolle unterliegen. Aber auch diese Entwicklung zeigt, dass sich der Markt auf die neuen Wohnbedürfnisse alter Menschen einstellt.

* * *

Alt zu werden ist eine überaus individuelle Angelegenheit. Der eine wird vielleicht seinem Job nachtrauern, der andere wird jetzt erst richtig aufdrehen und seine Freiheit genießen, und ein Dritter vielleicht viel weniger tun wollen. Doch über diese persönlichen Entwürfe hinaus gibt es natürlich auch äußere Faktoren, die das Leben im Alter bestimmen. Geschlecht, Gesundheit, Religion, finanzieller Hintergrund, Bildung – all das spielt eine Rolle, genauso wie die Herkunft. Als Einwanderer in Deutschland alt zu werden, womöglich als Gastarbeiter der ersten Generation, wird sich anders anfühlen als das Altern eines Alteingesessenen. So mancher Migrant wird vielleicht gerade im Alter seine deutsche Umgebung als Fremde, als Exil empfinden und sich nach dem Land seiner Jugend zurücksehnen. Viele Migranten sind mit der Vorstellung nach Deutschland gekommen, hier nur ein paar Jahre zu arbeiten und dann in die Heimat zurückzukehren. Nun sind sie immer noch da, aus dem Provisorium ist Sesshaftigkeit geworden. Was empfindet jemand, der in einem fremden Kulturkreis alt wird, in dem es für ihn kaum Menschen gibt, an denen er sein eigenes Altersleben orientieren könnte? Wie ist es, wenn man aus seiner Jugend ganz andere Vorstellungen vom Altern mitgebracht hat, die sich jedoch in Deutschland nicht umsetzen lassen?

Ahmet Mutlu, 63 Jahre alt, ehemaliger Betriebsrat der Vulkan-Werft, hat seinen eigenen Weg gefunden, das Alter zu leben. Wir haben uns Anfang der siebziger Jahre kennen gelernt. Wir haben uns beim Betriebsrat der Werft und später im Ortsamtsbeirat Blumenthal – er war dort der erste SPD-nominierte Ausländer –, also durch unsere politische Arbeit, immer wieder getroffen. Er war für mich einer der ersten türkischen Freunde. Ein Mann, der mit laizistischer Erziehung bewusst in die Moschee geht und so eine Verbindung zwischen zwei polarisierten türkischen Gruppen vorlebt. Geboren und aufgewachsen ist Ahmet in Trabzon, einer wunderschönen Stadt am Schwarzen Meer. Im Sommer 1969 kam er als junger Mann nach Bremen. Mit seiner Frau Tülay und seiner kleinen Tochter Sema, die ein Jahr später nachgezogen sind, hat er sich im Bremer Norden eine neue Heimat geschaffen. Dabei waren die Startbedingungen hier alles andere als gut. Auf der Ausländerbehörde wurden die jungen Einwanderer von frustrierten Sachbearbeitern diskriminiert. Untergebracht wurden sie in einem maroden Haus. Dort musste sich die junge Familie mit fünf anderen türkischen Familien auf engstem Platz einrichten. Die Wohnung war so feucht, dass die kleine Tochter, erst ein halbes Jahr alt, ständig krank wurde. Erst nachdem Ahmet zum Personalchef der Vulkan-Werft ging, wurde ihm eine bessere Wohnung vermittelt. Ahmet, der bereits ein wenig Deutsch beherrschte, als er nach Deutschland kam, lernte hier schnell die Sprache – das erleichterte ihm den Umgang in der Firma und auf deutschen Ämtern. Seine Familie wuchs. Sein Sohn Servet und die Jüngste, Derya, wurden in Blumenthal geboren.

Auch die Mutlus wollten zunächst nur für zwei Jahre in Bremen bleiben. Aus den zwei Jahren sind mittlerweile fast vierzig Jahre geworden. Ahmet wurde relativ schnell Vertrauensmann in der Werft. Und wenn die Mutlus in Bremen-Blumenthal nur ein paar Straßen weiter zogen, weinten die Kinder, weil sie ihre Freunde und Bekannte vermissten. Wer wollte da an einen Umzug in die Türkei denken? Irgendwann sagten sich die Mutlus, sie könnten ja auch noch als Rentner zurück in die Türkei gehen. Doch da hatten sie schon längst Wurzeln geschlagen. Die Kinder machten Abitur und gingen zur Hochschule. Sema, die Älteste, studierte Religionswissenschaft und ist jetzt in Bremen eine bekannte Liedermacherin, die insbesondere jungen Leuten mit ihren Texten Zugang zu interkulturellem Leben ermöglicht. Servet hat Informatik und Kulturwissenschaft studiert und betreibt jetzt eine eigene Software-Firma. Die Jüngste, Derya, ist Stipendiatin der ersten deutschen Pop-Akademie.

Ahmet hatte über die Gewerkschaftsarbeit, die Arbeit im Ortsamtsbeirat, im deutsch-türkischen Verein und über das Engagement in der Moschee einen großen Freundeskreis gewonnen. Als die drei Kinder ihren Eltern anboten, mit ihnen in der Bremer Innenstadt in einem großen Haus zusammenzuziehen, lehnte Ahmet ab. Seine Frau wäre zwar gern zu den Kindern gegangen, sie hat immer darunter gelitten, dass die junge Generation aus dem Haus ist. Dazu muss man wissen, dass die Familien am Schwarzen Meer als Clan zusammenleben, man baut als Familie nicht ein Haus für sich, sondern wohnt mit allen Geschwistern und deren Kindern in enger Nachbarschaft zusammen. Doch ein Leben könne man nicht beliebig neu anfangen, sagte Ahmet seiner Familie. Er sei so verhaftet in seinem Blumenthal, hier habe er als junger Mann angefangen, sich ein Leben aufzubauen, und wolle nicht mehr umziehen. Bremen-Nord ist sein Platz geworden. Hier hat er seine Freunde, hier gießen die Nachbarn seine Blumen, wenn er verreist ist, hier kann er jeden Morgen einen Plausch im Hausflur halten, und hier ist sein Kleingartenverein.

»Glückliche Erde« – was für ein schöner Name – gibt es jetzt seit 1989. Eine fast dörfliche Kleingarten-Kolonie, mit europäisch-asiatisch-orientalischer Kultur. Dort wird nicht nur Rasen gemäht und Unkraut gezupft, dort wird gelebt. Das Sommerhalbjahr über verbringen die überwiegend türkischen Familien fast ihre ganze Zeit in der Kolonie, bauen Tomaten, Paprika und Bohnen an, hängen das Gemüse zum Trocknen auf, grillen und feiern. Man darf nicht vergessen, dass diese Familien ihre Wurzeln auf dem Land haben. Für viele ältere Migranten ist die Arbeit im Garten eine lebendige Erinnerung an ihre Jugend.

Viele Politiker, auch ich, haben lange Zeit gedacht, man müsse die Gastarbeiter und ihre Familien schleunigst in die deutsche Kultur integrieren, sie müssten Deutsch lernen und dann möglichst schnell in unsere Parteien, unsere Gewerkschaften und unsere Vereine gehen. Ich dachte, wir müssten alles tun, damit keine Parallelgesellschaft entsteht. Ich habe dann schrittweise gelernt – und dabei spielt Ahmet Mutlu eine große Rolle –, dass Integration nicht Gleichmacherei bedeutet. Integration ist kein abstrakter Prozess, den man vom Schreibtisch aus beschließen kann, sondern bedeutet Vermittlung und viele, viele kleine Schritte der Annäherung. Wenn man einem Einwanderer hier eine Lebensperspektive eröffnen will, dann muss man ihm die

Möglichkeit geben, so viel Kultur von zu Hause mitzubringen, wie er kann. Von Ahmet Mutlu habe ich auch gelernt, dass man in einer Moschee aktiv, also religiös, und trotzdem mitten in dieser Welt sein kann, trotzdem seine Kinder, ob Mädchen oder Junge, gleichberechtigt erziehen, trotzdem in Gewerkschaft und Politik aktiv sein kann. Die mitgebrachte Religion ist häufig eine Hilfe, hier anzukommen – ein vertrautes Terrain, von dem aus man sich seine neue Umwelt aneignen kann. Und für diese Art von Integration in gegenseitigem Respekt, die dem anderen seine Eigenart lässt, ist der Gartenverein »Glückliche Erde« ein großartiges Beispiel.

Für Ahmet Mutlu ist die »Glückliche Erde«, ein Verein mit sechzig Parzellen, nach seiner Gewerkschaftsarbeit das zweite große Projekt in seinem Leben. Aber sie ist noch mehr: Sie ist Lebensinhalt geworden. Die meisten Vereinsmitglieder sind ehemalige Kollegen von der Werft, für die die »Glückliche Erde« gewissermaßen eine Zuflucht wurde, als sie in der Werftenkrise ihre Arbeit verloren. Ahmet hat dafür gesorgt, dass der Bremer Senat dem Verein ein

Sumpfgebiet zur Verfügung stellte, das dieser urbar machen konnte. Er hat mit seinen Kontakten zur Politik und Senatsverwaltung dafür gesorgt, dass die Kleingärtner beim Bau ihrer Häuschen ihre Fantasien verwirklichen konnten. Und er hält bis heute den Verein zusammen, vermittelt bei Konflikten, moderiert die explosiven Vorstandssitzungen, wenn wieder einmal entschieden werden muss, dass einer der Kleingärtner die gerade angeschaffte Ziege wieder aus der Kolonie schaffen muss, weil Tierhaltung nun einmal verboten ist. Ahmet entscheidet bei größeren Anschaffungen und kümmert sich um die alleinstehenden Mitglieder der Gartenkolonie, lädt sie zum Essen sein, redet mit ihnen, damit sie nicht völlig vereinsamen.

Und nun werden diese Gartenfreunde zusammen alt. Mittlerweile ist die »Glückliche Erde« eine enge Gemeinschaft. Wenn jemand krank ist, kaufen die anderen für ihn ein. Wenn eine der Frauen verreist ist, kochen die anderen Frauen für den Strohwitwer. Und wenn man die Kinder der Freunde, die ja jetzt schon erwachsen sind, allein auf der Straße trifft und weiß, die Eltern sind in der Türkei, dann wird ihnen selbstverständlich Hilfe und, wenn nötig, auch Geld angeboten. Dieses fürsorgliche Verhalten ist Teil der türkischen Kultur, aber auch Ergebnis der gemeinsamen Zeit im Ausland. Zumeist waren es ja junge Männer, die zunächst ohne ihre Familien und ohne ein Wort Deutsch zu sprechen hierher kamen. Sie waren aufeinander angewiesen, das schweißt über die Jahre zusammen.

Aber Ahmet Mutlus Altersengagement geht auch über den Gartenverein hinaus. An der Volkshochschule hält er Kurse für alternde Migranten ab, in denen sie über Rentenfragen, über türkische Pflegedienste und über Themen wie »Lebensabend in Deutschland« sprechen können. Inzwischen haben Ahmet und ich beschlossen, mit der Arbeiterwohlfahrt und der Wohnungsbaugenossenschaft in Blumenthal eine türkische Hausgemeinschaft oder Pflege-WG zu gründen. Ein Projekt, bei dem auch die türkische Lebenskultur – von der Gartenarbeit bis zur kulturell stimmigen Pflege – berücksichtigt werden soll. Dass dieses Gemeinschaftshaus auf Interesse stoßen wird, ist für Ahmet

Mutlu sicher. Sehr viele Gastarbeiter der ersten Generation sind inzwischen zu alt, um in die Türkei zurückzukehren – allein die medizinische Versorgung dort ist zu teuer, und es ist oft auch kein naher Verwandter mehr in der alten Heimat, der einen pflegen könnte. Hinzu kommt: Auch unter Migranten ist es nicht mehr selbstverständlich, dass die Großfamilie unter einem Dach lebt.

Wir wollen auf dem Gelände des Gartenvereins oder in unmittelbarer Nähe ein Haus bauen, in dem gewohnt, gekocht und gepflegt werden kann. Die Nachbarn fassen mit an und sorgen dafür, dass niemand vereinsamt. Dabei ist an so viel Freiwilligkeit wie möglich gedacht – mit professioneller Begleitung. Wenn dann noch ein Gebetsraum dabei entsteht, kann das hilfreich sein.

* * *

Man muss die Frage, wie man im Alter wohnt, selbstverständlich nicht nur den Profis überlassen. Wir alle haben über Jahrzehnte unser Leben selbst in die Hand genommen, warum sollte dies im Alter plötzlich anders sein? Warum denn nicht eine eigene, private

Wohn- oder Hausgemeinschaft gründen? Warum alleine alt werden, wenn ein Leben mit Freunden oder guten Bekannten viel lebenswerter ist? Entscheidend ist, die richtigen Leute zu finden. Leute, die sich eine gemeinsame Lebensform zutrauen und das vielleicht schon früher einmal eingeübt haben. Wenn man die beisammen hat, lösen sich auch die anderen Probleme. Die passende Immobilie und die passende Hausordnung findet sich schon.

Das Forum-Team Bremen für Gemeinschaftliches Wohnen bringt mit Hilfe von Fragebögen und persönlichen Gesprächen Menschen zusammen, die ähnliche Vorstellungen von der Realisierung eines Wohnprojekts haben. Die Mitglieder des Teams sehen sich dabei als Moderatoren, Begleiter und Vermittler zwischen den Gruppen und möglichen Bauträgern und -experten. Durch Befragungen haben sie herausgefunden, dass die meisten eine Gruppengröße von zehn bis zwanzig Personen als eine gute Basis betrachten, um ein gemeinsames Wohnprojekt anzugehen. Die meisten, die gemeinschaftliches Wohnen verwirklichen wollen, sind schon in der Vorbereitungszeit aktiv. Das Engagement für das Gemeinschaftsprojekt umfasst natürlich mehrere Ebenen – die finanzielle, die organisatorische und die ideelle Gestaltung. Wie teuer darf es werden? Wie viel Mitspracherecht erhalten die einzelnen Parteien? Wer bestimmt über Nachrücker? Wie viel Gemeinsamkeit möchte man? Das Forum-Team Bremen hat bei seinen Beratungen erkannt, dass es keine idealen oder standardisierten Richtwerte gibt, die das Gelingen eines Wohnprojekts garantieren können. Dafür sind wir alle – glücklicherweise – viel zu verschieden. Aber wir können aus den Erfahrungen anderer Wohnprojekte lernen. Und jeder von uns kann natürlich auch versuchen, ein eigenes Projekt zu starten. Viele Türen in Politik und (Sozial-)Wirtschaft stehen offen, denn gemeinschaftliches Wohnen ist das in die Zukunft weisende zwischenmenschliche Thema. Und: Die Umsetzung in die Praxis bedeutet keine finanzielle Mehrbelastung für den Einzelnen oder für den Staat. Eher das Gegenteil ist der Fall. Da gemeinschaftliches Wohnen wohl auch im weitesten Sinn etwas mit Wärme zu tun hat, könnte es doch sein, dass ein solches Vorhaben auch das Ende der so genannten Ellenbogengesellschaft begünstigt. Immaterielle Werte gewinnen wieder größere Bedeutung. Toleranz, Hilfsbereitschaft, Einsatz der eigenen Kompetenz zum Wohle anderer sorgen für eine verbesserte Lebensqualität.

* * *

Anfang der achtziger Jahre begannen wir, uns im Freundeskreis Gedanken darüber zu machen, wie wir leben wollen, wenn unsere Kinder aus dem Haus sind. Nachdem wir – das heißt, vor allem ich – uns von der Idee verabschiedet hatten, mit unseren Kindern unter einem Dach alt zu werden, haben wir relativ schnell beschlossen, dass es Zeit für etwas Neues sei. Ich hatte in Saarbrücken vor 25 Jahren in einer alten Kettenfabrik übernachtet, die sich sieben Familien zu einem gemeinschaftlichen Wohnhaus umgebaut hatten. Der heutige Treffpunkt für die Familien ist die Fläche, auf der früher die schweren Maschinen standen. Nun leben da diese Familien: Sie essen gemeinsam, erziehen ihre Kinder zusammen und verschaffen sich gegenseitig Freiräume. Als dort jemand für ein Jahr mal aus dem Beruf und aus dem Haus rauswollte, haben die anderen sich um die Familie gekümmert. Damals habe ich gedacht: So möchte ich auch leben. Ich möchte so viele Freiräume, so viel Eigenes, aber auch so eine verlässliche Struktur und so viel Gemeinsames.

Wir kamen darauf, mit Freunden zusammenzuziehen, weil wir alle schon Erfahrungen mit dem gemeinsamen Wohnen hatten. Meine Frau und ich hatten als Studenten – jung verheiratet, ein Kind, wenig Geld – eine Wohngemeinschaft in Hamburg gegründet. Diese WG, die vom Evangelischen Studienwerk Villigst unterstützt wird, gibt es immer noch. Einer unserer jetzigen Hausbewohner hat als junger Mann im Priesterseminar gelebt, zwei andere kommen aus kinderreichen Familien. Wir haben also alle aus unseren unterschiedlichen Milieus Erfahrungen mitgebracht, wie man als junger Mensch mit anderen sein Quartier teilt. Wir sind keine Ungeübten gewesen, und das war sicherlich hilfreich. Dennoch war es für alle kein geringer Schritt, die Hausgemeinschaft zu gründen. Zwei Paare hatten große Häuser auf dem Land, die sie aufgegeben haben: ein ausgebautes Bauernhaus in Fischerhude, einem wunderschönen Künstlerdorf, und ein großes Haus mit Garten außerhalb Bremens, sehr eigenwillig, sehr schön umgebaut, die Rehe direkt vor der Tür. Auch wir haben unser Haus aufgegeben, in dem wir mit unseren Kindern gelebt hatten. Wir hatten uns schnell darauf geeinigt, dass wir mittendrin in der Stadt leben wollten. Die beiden Paare vom Land sagten, da draußen seien sie mit ihren Kindern glücklich gewesen, aber jetzt seien diese weg, und sie fühlten sich dort abgehängt. Sie kämen abends nicht mehr dazu, ins Theater oder Konzert oder zu Veranstaltungen zu gehen – denn wer fahre dann schon den weiten Weg noch mal in die Stadt hinein? Mein bester Freund lebte allein, der freute sich ohnehin auf dieses gemeinsame Wohnprojekt. Am Anfang waren es noch mehr Leute aus unserem Bekanntenkreis, die sich vorstellen konnten, mit uns zusammenzuziehen.

Als wir einen Kreis von gut zehn Leuten beisammenhatten, haben wir angefangen zu diskutieren. Wie viel Platz für jeden? Welcher Stadtteil? Wie viel Gemeinsamkeit im Alltag? Klar war nur, wir wollten möglichst in der Innenstadt leben, ohne Auto klarkommen und genügend Freiraum haben, anders als die Studenten-WGs, die oft an Platzmangel scheitern. Ich bin dann nach und nach von meiner Phantasie weggekommen, alles gemeinsam zu machen. Die anderen fanden eine gemeinschaftliche Küche, eine gemeinsame Bibliothek und ein gemeinsames Musikzimmer zu zwanghaft. Also planten wir so, dass wir alles gemeinsam machen können, wenn wir wollen, aber nicht müssen. Dann haben wir zusammen Urlaub gemacht und jede Menge Häuser angesehen und uns so Schritt für Schritt angenähert. Zum Schluss blieben drei Paare und ein Single übrig, die den Sprung wagten.

Und dies ist heute meine Wahlfamilie, dies sind meine Angehörigen, Menschen übrigens, die unterschiedlicher nicht sein könnten.

Der Älteste unserer Hausgemeinschaft ist Priester. Seine Predigten, seine Theologie, seine Sensibilität und seine Leidensfähigkeit sind wie ein Geschenk für mich. Ich versuche, ihn zu verstehen, ihn meine Zuneigung fühlen zu lassen. Ich kann ihm nichts krumm nehmen.

Unser Mediziner im Haus ist ein alter Freund von mir. Er ist einen langen Weg mit immer neuen Einbrüchen zu einer brüderlichen Nähe gegangen. Dafür bin ich ihm sehr dankbar. Wir haben trotz gelegentlicher Wut im Bauch immer wieder neue Anläufe gemacht. Und nun sind wir schon viele Jahre in dieser Vertrautheit. Ich habe ihn seit mehr als achtzehn Jahren mit meinen öffentlichen Ämtern bedrängt, ihm meine Betriebsamkeit und die damit verbundene Oberflächlichkeit zugemutet.

Ursula ist die Geschäftsführerin unserer Hausgemeinschaft. Sie ist mir nach Luise am nächsten in unserem Haus. Sie investiert viel Liebe und Hilfsbereitschaft in unsere Wahlfamilie. Ich versuche, das zu erwidern, bin aber wegen meiner außerhäuslichen Aktivitäten immer am kürzeren Ende. Meine häufige Abwesenheit und mein ständiges Reden über unseren lebendigen gemeinsamen Alltag müssen bei ihr den Eindruck gemacht haben, dass es mir mehr um die öffentliche Resonanz als um wirkliche Nähe ging.

Manfred, mein langjähriger Freund, war der Erste, der sich vorbehaltlos für unsere Hausgemeinschaft begeistert hatte. Wir haben zusammen gearbeitet und leben zusammen, und das geht gut, weil er so loyal ist. Er hat eine besondere Gabe, mit unseren Kindern und Enkelkindern befreundet zu sein. Ich versuche, seine Loyalität zu erwidern, weiß aber, dass mir das nicht immer gelingt.

Diese Gruppe also entdeckte das alte Haus in der Nähe des Bahnhofs. Zunächst waren nicht alle von dem Objekt überzeugt, von dieser abbruchreifen Stadtvilla mit Hochparterre und erster Etage. Ich aber hatte mich sehr schnell dafür begeistert. Letztlich haben wir mit einem befreundeten Architekten liebevoll, Ecke für Ecke, vom Keller bis zum Dach, dieses Haus gründlich nach unseren Vorstellungen umgebaut. Wir haben das Souterrain ausgebaut und das sehr hohe Dach, das einst als Lagerraum diente, in zwei Geschosse unterteilt. So haben wir insgesamt sieben Wohnungen auf fünf Etagen gewonnen. Der ehemalige »Schietgang« aus dem 19. Jahrhundert, über den die Gruben entleert wurden, musste einem modernen Treppenhaus mit Fahrstuhlschacht weichen. Wir wollten dem Haus ein einheitliches Gesicht geben und haben daher auf allen Ebenen den gleichen Dielenboden verlegt. Die Türen wurden breit genug angelegt, so dass auch ein Rollstuhl durchpasst. Türschwellen wurden entweder rückgebaut oder vermieden, so dass fast alles barrierefrei ist. Die Bäder sind groß, mit genügend Platz vor den Wannen, falls es zum Pflegefall kommt. Unsere Ausgangsposition war, das Haus so zu konzipieren, dass alle Wohnungen im Streitfall unabhängig voneinander bewirtschaftet werden können. So hat jeder seine Rückzugsmöglichkeit. Erst danach haben wir uns überlegt, wie wir zusammenkommen, was wir auf jeden Fall gemeinsam nutzen wollen, selbst wenn wir Distanz brauchen. Seither teilen wir uns den Garten, die Werkstatt, die Waschküche, das Treppenhaus und die Gästezimmer, die über das ganze Haus verteilt sind. Diese Gästezimmer sind zum Teil in die Wohnungen integriert und werden als Fernseh- oder

Arbeitszimmer genutzt, es gibt aber auch ein Zimmer mit eigenem Eingang und Bad und eine Gästewohnung, in der ich jetzt mein Büro eingerichtet habe. Wir können gut mehrere Leute unterbringen.

Über unser Projekt hat der Bremer Projektentwickler und Bauinvestor Klaus Hübotter in seinem Buch *Du baust, wie Du bist* 1989 folgende Geschichte geschrieben:

Rembertistraße 70–71

Rechnen kann ich nur mäßig, aber gut schätzen. Normalerweise stimmen meine Vorhersagen. In diesem Fall war das nicht so. Da war ein anderer klüger. Nun schön, er ist auch länger und außerdem Bürgermeister: Henning Scherf.

Er, seine Frau, zwei befreundete Ehepaare und noch ein Freund hatten die Idee, ein Haus zu bauen oder umzubauen, um darin gemeinsam eine »Alterskommune« zu errichten. Die treibende Kraft aber war er. Mit Engelszungen habe ich versucht, ihn von diesem verrückten Plan abzubringen: Das kann nicht gut gehen. Ein solches Vorhaben wird die Bauherren so schrecklich strapazieren, wie sie es sich vorher nicht vorstellen können. Es wird bestimmt zum Streit kommen; wenn nicht über die Kosten, dann über

Geschmacksfragen. Ich garantiere Dir, Henning, wenn dieser Bau halb fertig ist, könnt Ihr Eure Freundschaften bereits in den Wind schreiben, und das Haus gleich mit.
Aber die guten Leute ließen nicht ab von ihrem Plan. Und natürlich gab es große Misshelligkeiten und viele Diskussionen und einen Haufen fauler Kompromisse und Fehlentscheidungen. Aber dennoch, das Haus wurde fertig und die Freundschaften gingen nicht in die Binsen. Offen gestanden, ich habe das nicht für möglich gehalten.
Ich gucke nicht rein in diese Freundschaften. Ich kann das nur so beurteilen, wie es sich dem Architekten und dem Bauberater darstellt. Und denen stellt es sich nun natürlich doch so dar, dass ausgerechnet derjenige der Gemeinschaft, der sich am wenigsten um die Details kümmerte, doch seine Vision immer genial im Auge behielt und mit sagenhafter Geduld und Großzügigkeit das, sein, Experiment rettete und zu Ende brachte. Diese Beurteilung mögen mir die anderen verzeihen, aber ich wollte hier doch wenigstens andeutungsweise die Wahrheit sagen. Wären die menschlichen Voraussetzungen dieser Gemeinschaft auch nur halbwegs normal gewesen, dann wäre die Gemeinschaft bereits auf halbem Wege auseinandergeflogen.

Unser Stundenlohn bei diesem Unternehmen betrug DM 9,23 (incl. Mehrwertsteuer, rund). Aber die Erfahrung, dass die Menschen auch mal besser sind, als man denkt, gleicht den finanziellen Verlust aus. Ihren hoffentlich auch.

Ein Jahr lang haben wir umgebaut und dabei unser gesamtes Geld investiert. Am Anfang waren wir drei Parteien, die ihr Geld eingebracht und dafür ihre Häuser verkauft haben. Das war kein leichtes Jahr. Ein komplizierter Umbau, der sehr viel teurer wurde als geplant. Und ein Umbau, der sehr viel mehr Zeit in Anspruch genommen hat als geplant. So bekamen manche von uns auch noch Wohnungsprobleme. Meine Frau und ich haben uns bei einem befreundeten Ehepaar für sieben Monate einquartiert – es sollte nur für drei Monate sein. Ein anderes Paar hat in einem leer stehenden Hausmeistergebäude einer Schule zwischengewohnt. Und so hat sich jeder von uns irgendwie beholfen. 1988 sind wir dann in eine halbfertige Baustelle gezogen.

Der einzige richtig große Krach, den wir bislang erlebt haben, kam gleich am Anfang. Ein Ehepaar hat sich nach drei Monaten getrennt. Er ist ausgezogen und ist aus Bremen fortgegangen. Wir haben uns sehr um seine Frau und seine Kinder gestellt. Das Scheitern dieser Ehe hatte nichts mit unserer Hausgemeinschaft zu tun. Ich hatte ihn immer als engen Freund wahrgenommen, dachte, mit ihm zusammenzuwohnen sei überhaupt gar kein Problem. Ausgerechnet er war der Erste, der absprang. Dass es uns gelungen ist, diese harte Zeit gemeinsam zu überstehen, und dass wir sogar noch näher zusammengerückt sind, hat mich bestätigt in meiner Begeisterung für diese Form des Zusammenlebens. Selbst unsere kritischen Kinder, die über uns postpubertäre Romantiker und unsere unausgegorenen Studententräume lästerten, sind inzwischen begeistert und kommen sehr gern zu Besuch.

Wer in unser Haus kommt, wird nicht auf den ersten Blick sehen, dass hier eine enge Gemeinschaft lebt. Das Treppenhaus, die abgetrennten Wohnungen erwecken zunächst einmal den Eindruck, dies sei ein ganz normales Mehrparteienhaus. Erst auf den zweiten Blick erkennt man: Manchmal stehen Wohnungstüren offen. Man klopft natürlich an und platzt nicht bei jedem ins Zimmer. Aber wenn die Kinder oder Enkelkinder da sind, dann sausen die Kleinen durchs ganze Haus und nehmen alles in Beschlag. Gerade die Enkel haben das Gefühl, unser Haus sei eine große Wohnung. Überall gibt es Ecken zum Verstecken, überall gibt es etwas zum Spielen und niemand sagt: Jetzt ist Schluss. Wir haben gemeinsame Freunde, die ganz selbstverständlich durchs ganze Haus gehen, wenn sie einen von uns besuchen. Als die Mutter einer von uns neunzig Jahre alt wurde, feierte sie ein großes Familienfest in unserem Haus. Ihre siebenköpfige Kinderschar brachten wir unter und freuten uns, dass das möglich war. Und so halten wir es mit allen unseren Gästen.

Aber natürlich muss man für so ein Zusammenleben auch Balance halten. Natürlich will nicht immer jeder zu jeder Zeit Besuch haben oder unter Leuten sein. Ich habe gerne Leute um mich und kann sogar arbeiten, wenn viele im Raum sind. Aber andere brauchen Ruhe, um sich zu konzentrieren, oder wollen ihren Besuch nicht mit allen teilen. Inzwischen haben wir auch eine junge Mitbewohnerin, sehr zurückhaltend, die nicht zu dem ursprünglichen Freundeskreis dazugehört. Sie arbeitet als Psychologin in der Geriatrie. Die wollen wir natürlich nicht nach der Arbeit überfallen, wir alten Leute.

Ursprünglich war unser Haus als Mehrgenerationenprojekt angedacht, und am Anfang lebten auch die drei Kinder des Paares bei uns, das sich später getrennt hat. Inzwischen ist das Stammpersonal in meiner Altersgruppe, wir sind nun sechs Rentner. Wir hatten anfangs auch Älteren angeboten, bei uns einzuziehen – meiner Schwiegermutter, einer befreundeten Journalistin und der Frau eines verstorbenen Freundes. Aber alle drei lehnten ab. Die eine wollte ihre Freundinnen im Altersheim nicht verlassen, die andere nicht das Haus, in dem sie mit ihrem Mann glücklich war, und die Dritte konnte sich nicht entschließen, in die Stadt zu ziehen. Aber wir sehen uns weiterhin nach potentiellen Mitbewohnern anderer Altersklassen um.

Hausgemeinschaft klingt so, als würde jedem alles gehören. So ist es bei uns nicht. Wir haben das Haus etagenweise unter uns aufgeteilt und einzeln gekauft. Derzeit sind wir vier Eigentümergruppen und haben zwei Mieter im Haus. Damit die Hausgemeinschaft auch in schlechten Zeiten funktioniert, in denen keiner mehr miteinander spricht, haben wir gleich zu Anfang einen wirtschaftlichen Verein nach dem Bürgerlichen Gesetzbuch gegründet – mit Satzung und Geschäftsführung. Wir haben zum Beispiel im Grundbuch festgelegt, dass bei einem Eigentümerwechsel ein Verkauf nur mit Zustimmung aller stattfinden kann.

So eine Hausgemeinschaft ist wie eine Ehe: Wenn man vorher einen fairen Ehevertrag ausgehandelt hat, dann ist das gut. In Ehen, die funktionieren, sieht kein Mensch in ein solches Dokument. Es ist aber eine enorme Hilfe, wenn man sich am Anfang darüber einigt, welche Rolle jeder hat, wie die Aufgaben, wie die Lasten verteilt werden und wie man potentielle Konflikte löst. Auch wenn es kleinlich erscheinen mag – es ist immer besser, so etwas zu klären, bevor man sich verkracht hat. Wir haben zum Glück noch nie diesen Vertrag einsehen müssen.

Aber selbstverständlich gibt es auch mal Probleme, wenn mehrere Menschen unter einem Dach leben. Das fängt im Alltag an. Wie verteilt man die Dienste? Wer ist zuständig für die Mülleimer, wer macht die Waschküche sauber, wer räumt den Fahrradkeller auf? Wer hat mal wieder den Keller vollgemüllt, so dass die anderen nicht mehr an ihre Sachen kommen? Da bei uns der Keller jedem offen steht, muss man eben auch eine Flasche Wein nachliefern, wenn man sich mal vergriffen hat. Wie verteilen wir die Kosten, wenn im Garten eine der alten Pappeln gefällt werden muss oder ein Ast die Schaukel zerschlagen hat? Für kleinere Reparaturen am Haus haben wir eine Umlage, die sich nach der Quadratmeterzahl des Eigentums berechnet. Aber wenn große Anschaffungen anstehen, wie nun jüngst der Fahrstuhlkorb, dann beraten wir uns, wie wir das untereinander aufteilen. Die Mieter belasten wir nur dann, wenn sie auch einen Nutzen von der Anschaffung haben. Das klärt sich aber alles informell. Wir sind ja ein kleines Haus, da ist alles übersichtlich, da gibt es keine Fraktionen. Jedes Problem, das angesprochen wird, wird offen verhandelt. Es hat ja auch jeder seine Marotten. Ein Mitbewohner zum Beispiel hatte mehrere

Unfälle mit dem gemeinsamen Auto gebaut. Da haben wir beschlossen, dass er auch die höheren Versicherungsbeiträge zahlen muss. Er hat geknurrt und will nun nie wieder Auto fahren, aber er hat es akzeptiert, selbstverständlich. Ein anderer hängt immer die halbe Waschküche voll mit seinen Klamotten und räumt sie nur weg, wenn wir ein großes Hausfest feiern und den Raum für das Buffet brauchen. Überhaupt gibt es sehr unterschiedliche Wohngewohnheiten. Aber trotzdem verstehen wir uns wunderbar – auch weil jeder genügend Platz für sich selbst hat. Da wird die Unterschiedlichkeit nicht zur Last, sondern macht den Reiz eines solchen Hauses aus. Wir sind keine Sekte, keine Clique, kein Missionsangebot für andere. Wir verhandeln unseren Alltag miteinander und halten zueinander. Und dadurch bleibt es spannend in diesem Haus.

Wir haben von Anfang an feste Rituale im Haus etabliert, an denen sich bis heute jeder beteiligt. Jeden Samstagmorgen frühstücken wir gemeinsam. Das muss jeder der Reihe nach ausrichten. Und alle geben sich immer sehr viel Mühe, damit das ein schöner Morgen wird. Seitdem wir Älteren alle pensioniert sind, ist eine weitere Institution dazugekommen: Donnerstags mittags wird reihum gekocht. Und wenn jemand das Haus nicht verlassen kann, wie meine Frau im Frühjahr, als sie sich den Fuß gebrochen hatte, wird jeden Mittag gekocht, nach der Kranken gesehen und für sie eingekauft. Zum gemeinsamen Alltag gehört auch, dass man die anderen fragt, ob sie dazukommen wollen, wenn man etwas gekocht hat.

Und wenn ich einen Artikel schreibe, wie vor einiger Zeit in der Festschrift für Bischof Lehmann, dann liest mir mein Mitbewohner, der Priester, den Text gegen und diskutiert mit mir die Inhalte. Ich hätte früher als eingefleischter Protestant niemals mit einem katholischen Priester etwas gemeinsam erarbeitet. Das waren für mich die Römer, die Totalitären. Aber in dieser Hausgemeinschaft, in dieser Nähe ist das möglich. Zu dieser Nähe gehört auch, dass wir miteinander Ausflüge machen oder verreisen.

Vor ein paar Monaten haben Freunde aus dem Haus und von außerhalb einen englischen Debattierzirkel mit professioneller

Leitung gegründet. Wir sitzen dann bei heißem Wasser, Tee und Keksen zusammen und diskutieren englische Zeitungsartikel und Hefte. Vor kurzem hat mich jemand nach einem englischen Vortrag angesprochen, den ich gehalten hatte. Er hatte mich vor zehn Jahren das letzte Mal englisch sprechen hören und war erstaunt, dass ich jetzt plötzlich so viel besser war. Auch im Alter kann man noch etwas lernen!

Zudem haben wir vor zwanzig Jahren das ökumenische »Lehrhaus Bremen« mit Bibliothek gegründet, in dem viele Veranstaltungen stattfinden. Zu diesem Kreis gehören inzwischen sechzig, siebzig Leute. Mit diesem Lehrhaus wollten wir eine Tradition von Martin Buber fortführen, die er vor 1933 in Deutschland begründet hat. Wenn man so will, ist dies eine ökumenische Akademie, nur auf kleiner Flamme, ohne öffentliche Zuschüsse. Aus diesem Kreis heraus, in dem Pastoren, Priester, Professoren und Lehrerinnen mitwirken, organisieren wir auch Reisen nach Ägypten, nach Israel, nach Ostanatolien, immer sehr gut vorbereitet. All dies schweißt uns zusammen.

Inzwischen hat sich diese Gemeinsamkeit sogar auf unsere Kinder übertragen. Die sind mittlerweile miteinander befreundet und besuchen sich auch gegenseitig oder fahren mit einem Bewohner gemeinsam Ski – was wir anderen Älteren nicht mehr machen. Wir sorgen uns auch gemeinsam um die Kinder. Im Moment arbeitet zum Beispiel eine der Schwiegertöchter als Ärztin im Krisengebiet von Darfur. Da verfolgen wir die Nachrichten sehr genau. Es ist wunderschön, mit dem Gefühl leben zu können, von Menschen umgeben zu sein, die einem nahe sind, die mitdenken und denen man selbst auch wiederum beistehen kann, wenn es schwierig wird. Die anderen aus dem Haus empfinden genauso. Einer meiner Mitbewohner zum Beispiel, der Pate meines Enkelsohns, sagt immer: Ihr seid meine Familie.

Natürlich ist auch nicht immer alles problemlos bei uns. Es war und ist nicht immer leicht, mit jemandem zusammenzuleben, der so in der Öffentlichkeit steht wie ich: Als ich noch Bürgermeister war, gab es vor unserem Haus eine große aggressive Demonstration gegen die Abschiebehaft. Eigentlich richtete die Demo sich gegen den CDU-Innensenator, aber von dem wusste keiner, wo er wohnte. Also standen die Leute vor unserer Tür. Da flogen dann Farbbeutel, und plötzlich stand die Polizei vor unserem Haus, Schild an Schild – eine Szene, die ich meinen Leuten nie zumuten wollte. Ein anderes Mal hat ein psychisch Kranker aus der Nachbarschaft versucht, unser Haus anzuzünden – die alte Holztür brannte bereits lichterloh. Das Feuer haben dann die Nachbarn gelöscht. Das war alles nicht leicht, aber wir haben auch das ausgehalten.

Obwohl wir so exponiert sind, habe ich in unserer Nachbarschaft nicht das Gefühl, dass wir vorgeführt werden oder isoliert sind. Wir fühlen uns nicht als Exoten, die auf einer Bühne tanzen, und alle warten nur darauf, bis wir endlich in den Orchestergraben gestürzt sind. Nein, unsere Hausgemeinschaft ist akzeptiert, anerkannt. Und das nicht nur bei Freunden und Nachbarn, die uns besser kennen, sondern auch in der Stadt generell. Eine Alters-WG oder Hausgemeinschaft ist nicht etwas für soziale Träumer, sondern eine durchaus bürgerliche Angelegenheit.

Inzwischen ist unser Wohnprojekt auch nicht mehr so einzigartig und absonderlich. Freunde von uns haben in Hamburg ein Mehrgenerationenhaus gegründet. In Göttingen gibt es eine Wohngemeinschaft alter Frauen, die von der Stadt als Projekt ausgeschrieben wurde. Siebzig Interessentinnen haben sich damals gemeldet, neun haben dann die WG verwirklicht. In Berlin gibt es hinter dem Schöneberger Rathaus ein ganzes Stadthaus, das gemeinsam bewirtschaftet wird. Aus meiner Kaffeepflücker-Zeit in Nicaragua kenne ich eine Hamburger WG, deren Bewohner seit zwanzig Jahren zusammenleben und nun gemeinsam alt werden.

Sicher können auch solche Projekte an ihre Grenzen stoßen. Die Gemeinschaften dürfen nicht zu groß werden, dann bilden sich schnell Fraktionen und vergiften das Klima. Es gibt auch Gemeinschaften, die regelrechten Beziehungsstress entwickeln, weil alle zu eng aufeinander hocken oder sich ein Mitbewohner in die Falsche verliebt. So eine Wohngemeinschaft kann nur funktionieren, wenn alle nach den ersten Monaten der Begeisterung bereit sind, auch die Mühen der Ebene zu ertragen. Man muss in einem solchen Haus funktionieren, seine Aufgaben erledigen und darf sich nicht aufdrängen. Ein Zusammenleben mit mehreren ist kein Selbstläufer, sondern erfordert immer wieder neue Anstrengungen.

Aber die Mühe ist es wert. Das wird uns vor allem jetzt auf unsere alten Tage bewusst. Wenn einer zum Arzt muss und nicht mehr fahren kann, dann fährt eben jemand aus dem Haus. Wenn jemand krank und kein Angehöriger da ist, dann kümmert sich jemand aus dem Haus. Und wenn jemand allein ist, so wie ich es war, als meine Frau für ein Jahr nach Nicaragua gegangen ist, dann kann er abends irgendwo im Haus anklopfen und sich dazusetzen. Mir war es immer sehr wichtig zu wissen, wohin ich gehen kann, wenn die Arbeit getan ist und ich wenigstens einen Augenblick durchatmen will. Andere gehen in die Kneipe. Ich gehe durchs Haus.

7. Hilfe brauchen

Noch will ich nicht wahrhaben, dass mir der eigene Körper eines Tages nicht mehr gehorchen könnte. Dabei gibt es bereits deutliche Anzeichen dafür: Auf dem rechten Ohr habe ich schon jetzt Probleme, ich muss mich drehen, wenn ich etwas richtig verstehen will. Die Hüfte macht sich an manchen Tagen bemerkbar und zwingt mich zu vorsichtigen Bewegungen. Und immer wieder mal, wenn ich jemandem gegenüberstehe, will mir der Name einfach nicht einfallen. Ich versuche dann, den Namen einzukreisen, arbeite richtig unter Stress daran. Bei Leuten, mit denen ich öfter zu tun habe, ist das natürlich unangenehm. Ich habe inzwischen eine Technik des Drumherumredens entwickelt. Manchmal weiß ich nicht, ob ich mein Gegenüber duze oder sieze, dann muss ich es so ansprechen, dass alles möglich ist, in der Hoffnung, dass irgendwann in dem Gespräch ein Hinweis kommt. Und da ich sehr kommunikativ und viel in der Stadt unterwegs bin, komme ich natürlich oft in solche Situationen.

Auch beim Sport merke ich deutlich, dass ich meine Standards nicht mehr halten kann. Ich will aber nicht aufgeben, ich will einen Weg finden, wie ich mit weniger Ehrgeiz und weniger Aufwand weitermachen kann. Ich muss lernen, die eigenen Grenzen zu akzeptieren. Das bedeutet nicht, sich hängen zu lassen. Sondern im Gegenteil: sich noch etwas abzuverlangen, sich eng an der eigenen körperlichen Entwicklung zu halten und auszuprobieren, was noch geht und was nicht. Wenn ich jogge, ist das wie ein Gespräch mit meinem Körper. Ich renne nicht dumpf mit meinen alten Turnschuhen durch den Bürgerpark, sondern ich spüre: Jetzt tut der linke Fuß weh, jetzt nicht mehr. Jetzt tun die Muskeln weh, jetzt entspannen sie sich. Jetzt merke ich mein Herz, jetzt beruhigt sich der Pulsschlag. Ich merke, wie Migräneattacken beim Laufen verschwinden. Merke, wie die frische Luft und die Anstrengung offenbar bewirken, dass mehr Sauerstoff durch mein Hirn gejagt wird. Ohne Arzt, ohne Medikamente bekomme ich meine Kopfschmerzen weg – und so, stelle ich mir vor, kann man gegen viele Zipperlein angehen. Man muss es nur tun.

Ich beobachte seit längerem bei uns im Haus, wie sich langsam die mühsamen Seiten des Alters einschleichen. Der Mediziner, so alt wie ich, hat große Probleme mit den Knochen und kann nur unter Schmerzen gehen. Wie kann man lernen, mit dem eigenen Verfall umzugehen? Wir reden darüber, obwohl es manchmal delikat ist. Und wir stellen uns auf die Probleme ein. Wir haben nun seit einigen Monaten einen Fahrstuhl. Wir gehen nicht mehr zusammen Ski fahren, sondern suchen uns Orte für unseren gemeinsamen Jahresurlaub aus, an denen Rücksichtnahme möglich ist. Wir machen uns gern darüber lustig, dass wir alle irgendwann einmal in dieser Hausgemeinschaft am Tisch sitzen und jeder hält die Hand hinters Ohr, um überhaupt noch etwas verstehen zu können. Es gibt dieses wunderbare Buch von Jörg Zink, *Ich werde gerne alt*, daraus kann man einiges für den eigenen Umgang mit dem Alter erfahren. Und wir versuchen zu lernen, dass wir nicht nur Fürsorge geben, sondern auch annehmen können. Das sind alles Versuche, auf unsere kommende

Gebrechlichkeit einzugehen und mit ihr zurechtzukommen. Hoffentlich gelingt uns das.

Als wir unsere Hausgemeinschaft gegründet haben, haben wir im Bekanntenkreis gerne erzählt: Dies wird eine WG zum gegenseitigen Abpflegen. Nun rückt für uns alle der Zeitpunkt näher, an dem dieser saloppe Spruch aus jüngeren Tagen Realität werden könnte. Wir haben untereinander ausgemacht, dass wir uns professionelle Hilfe holen, wenn wir es nicht mehr allein schaffen. Es ist ja nicht so, dass man aus technischen oder anderen objektiven Gründen eine Pflege zu Hause nicht leisten kann. Selbst medizinische Sterbebegleitung kann ambulant geleistet werden. Es ist der menschliche Stress, das Erreichbarsein rund um die Uhr, was die Pflege so schwer macht.

Pflege hat einen viel zu geringen Stellenwert in unserer Gesellschaft. Unangenehmes, Schwieriges und Lästiges grenzen wir aus. Dabei gehört das Pflegen und Sterbebegleiten zum Leben dazu. Wir müssen Menschen in Not wieder in unseren Alltag integrieren. Es ist ja nicht so, dass das Begleiten eines alten oder todgeweihten Menschen nur eine elende

Belastung ist. Es ist auch eine immens wichtige Erfahrung. Viele Pflegende berichten, dass gerade die letzte Zeit mit einem Menschen die intensivste war. Es entsteht eine Nähe und es kommen Gespräche zustande, die kostbar sind – trotz der Trauer und trotz der Überforderung, die die Pflege mit sich bringt.

Natürlich haben wir seit der Gründung unserer Hausgemeinschaft überlegt, ob und wie wir zu einem Mehrgenerationenhaus werden können. Am Beginn wohnten noch wenige heranwachsende Kinder bei uns, die aber alle inzwischen aus der Stadt sind. Ob der eine oder andere einmal wiederkommt, steht in den Sternen. Dann haben wir auch Erfahrungen mit jüngeren Mitbewohnern gesammelt. So hat lange einer meiner arabischen Freunde bei uns gewohnt, zuletzt eine spanische Schulleiterin. Auf lange Sicht ist uns das noch nicht gelungen, aber wir spüren, dass generationenübergreifendes Wohnen im Kommen ist, und werden das hoffentlich auch in unserem Haus schaffen.

* * *

Bisher gehen wir mit unseren alten, pflegebedürftigen Menschen und ihren Familien nicht gut um. Die Angehörigen lassen wir mit der Pflege allein, egal wie grau und ausgepumpt sie sind. Und wenn sie nicht mehr können oder es keine Familie mehr gibt, sperren wir die Hilfebedürftigen in Pflegemaschinen – ein Zimmer sieht wie das andere aus, verbunden durch lange Flure, ausgelegt mit Linoleum. Alles abwaschbar, alles hygienisch, alles anonym. Warum wohl stirbt ein Großteil jener Menschen, die ins Altenheim umgesiedelt werden, in den ersten Wochen in der neuen Umgebung? Viele essen nicht mehr, trinken nicht mehr, geben einfach auf. Hierzu gibt es schreckliche Statistiken.

Pflege war nicht immer so. Sie war selbstverständlicher Teil des Lebens in einer Großfamilie, wenn auch nicht über so ausgedehnte Zeiten wie heute – die Menschen wurden früher schlicht nicht so alt. Erst im frühen 19. Jahrhundert, mit dem Beginn der Industrialisierung und dem Entstehen eines städtischen Proletariats, setzte ein Prozess der Entfremdung in der Pflege ein. Die Arbeitsteilung bestimmte langsam auch diesen Bereich. Zwar gab es vereinzelt Unternehmer, die ihre Leute anständig untergebracht haben – und zwar so, dass mehrere Generationen zusammenwohnen konnten. Zum Beispiel die Krupps, die gute Häuser für ihre Arbeiter gebaut haben. Doch die meisten landeten in Mietskasernen, die die alten Strukturen grob zerstörten. Die zwei Weltkriege und die Inflation haben die Veränderung in der Pflege beschleunigt: Familien wurden auseinander gerissen, Kinder kamen in Waisenhäuser, und Alte fanden sich in Pflegeheimen wieder. Zwar hat der Soziologe Gerhard Wurzbacher Recht, dass die Familie die einzige Institution war, die nach dem Ende des Zweiten Weltkrieges in Deutschland noch funktionierte und das Land aufrechterhielt. Doch es war eben nicht mehr die Großfamilie. Der Bauboom des Wirtschaftswunders besiegelte diese Entwicklung. Das Leben fand in Kleinfamilien statt, die Alten lebten allein in ihrem Häuschen oder ihrer Wohnung und blieben dort, bis sie nicht mehr aufstehen konnten. Dann kam die durch Arbeit und Kinder völlig überlastete Tochter oder Schwiegertochter ins Haus und sah nach dem Rechten. Oder es hieß: Endstation Heim. So ein Prozess ist wie eine Rutsche, auf der es immer schneller bergab geht. Wir sitzen schon seit zweihundert Jahren auf ihr. Und wo sind wir gelandet? Heute sind unsere Vorbilder Sportler oder Schauspieler, die nicht in der Lage sind, eine Familie zusammenzuhalten, und die nichts für das Gemeinwohl leisten, sondern im Gegenteil dem Staat auch noch ihre Steuern entziehen. Unsoziale Figuren sind die Leitbilder unserer Gesellschaft. Wer wundert sich bei so viel medial vermitteltem Egoismus, dass die Bereitschaft, etwas für seine Mitmenschen zu tun, abgenommen hat?

Heute sind rund zwei Millionen Menschen in Deutschland pflegebedürftig. Zwei Drittel von ihnen werden laut Altenbericht der Bundesregierung von Angehörigen versorgt. Die Familien sind der Pflegedienst der Nation. Und darüber können wir froh sein. Doch dieser Pflegedienst stößt oft genug an seine Grenzen. Beim Berliner Beratungstelefon »Pflege in Not« rufen im Monat 100 bis 150 Betroffene an – Pflegebedürftige oder Angehörige. Der Großteil von ihnen ist mit der

Situation zu Hause heillos überfordert. Die ehrenamtlichen Berater berichten von Weinkrämpfen und Wutausbrüchen der Angehörigen, von Alten, die vor Einsamkeit zusammenbrechen oder aus Protest gegen die tägliche Behandlung ihre Pfleger schlagen. Es ist nicht einfach, seine Würde in einer solchen Situation zu wahren – und das gilt für beide Seiten. Doch wer einmal in der professionellen Pflege gearbeitet hat, weiß, wie menschenunwürdig die meisten Heime sind. Um das klarzustellen: Nicht wegen des Pflegepersonals, das unter einem absurden Zeitdruck Dutzende von Menschen versorgen muss. Nein, es ist das System, das den Menschen hier zum Fall degradiert. Der Minutentakt bestimmt, nicht das Taktgefühl.

In meiner Zeit als Sozialsenator hatte ich mir vorgenommen, mindestens einen Tag lang in jeder von mir verantworteten Alteneinrichtung den Pflegedienst mitzumachen. Das habe ich aus zeitlichen Gründen nicht geschafft, einige Male hat es aber doch geklappt. Es war gar nicht so einfach, den Teams deutlich zu machen, dass ich nicht als Grußonkel die Flure abschreiten wollte. Aber als sie gemerkt haben, dass es mir ernst war, bin ich von einer schweren Pflege zur nächsten geschickt worden und habe mit angepackt. Das war nicht immer leicht. Doch für Momente von Peinlichkeit oder Ekel war gar keine Zeit. Der Minutentakt des Pflegeplans sorgt dafür, dass man schnell alles Notwendige tut und zusieht, dass man zum Nächsten kommt. Einen Tag lang habe ich erlebt, wie ein alter Mann mutwillig immer wieder seinen Blasenkatheter rauszog. Sein Bett schwamm regelmäßig. Dieser See aus Urin war anscheinend die einzige Form des Protests, die er noch einlegen konnte. Einen anderen, der splitternackt durch die Station lief, musste ich einfangen. Keiner wusste, ob er durchgedreht war oder ob er nur die Schwestern ärgern wollte. Und ich habe eine drei Zentner schwere Frau gesäubert und ihr Bett neu bezogen – die Pflegerinnen konnten dies nur mit einem Hebekran bewerkstelligen. Eine andere Frau wiederum krallte sich beim Füttern immer in die Haare der Schwestern und riss daran – bei mir war sie fromm wie ein Lamm. Allein die Tatsache, dass da ein Mann mit tiefer Stimme und großen Händen saß, beruhigte diese alte, verwirrte Frau. Doch woher einen männlichen Kollegen nehmen? Auf dieser Station waren nur Frauen, und Pflege ist überwiegend ein weiblicher Beruf.

Aus dieser Zeit weiß ich, dass Pflege Schwerstarbeit ist, Knochenarbeit mit einer hohen psychischen Belastung, bei der es schwer ist, die Erfolge zu sehen. Denn wenn die Schicht erfolgreich beendet ist, sind doch nur alle satt und sauber. So sieht es das System Pflege vor. Dabei sind die Frauen in den Pflegeteams hart im Nehmen, jahrelang ausgebildet und zu Beginn des Jobs hochmotiviert. Doch selbst diese Frauen stoßen irgendwann an ihre Grenzen.

Mein Vater verlangte, dass meine Brüder und ich, bevor wir uns für einen Beruf entschieden, in den großen Ferien sechs Wochen als Freiwillige in Bethel arbeiteten. Und da wir so lange Kerls sind, müssen wir den Eindruck erweckt haben, dass wir auch psychisch einiges wegstecken können. Die Pflegeleitung hat uns dort also für das Männerhaus eingeteilt. Dort lagen Schwerstbehinderte in Käfigen. Ich habe Nachtwache bei einem Alkoholiker im Endstadium gehalten. Dieser ehemalige Anwalt erzählte mir in seinem Delirium tremens sein ganzes Leben. Immer wieder sackte er weg, so dass ich schon dachte, er sei tot, und dann sprach er wieder für eine Viertelstunde völlig strukturiert und klar. Dieser Mann suchte verzweifelt jemanden, dem er alles erzählen konnte. Und ich bin mir sicher, es wäre für ihn schöner gewesen, wenn das jemand Nahes hätte sein können und nicht irgendein Junge von achtzehn Jahren. Dabei hatte er wenigstens mich und musste nicht allein sterben. Unser Pflegesystem krankt vor allem an einem: Es sorgt nicht für die Seele. Ich glaube auch, dass die Skandalstatistiken, die der medizinische Dienst der Krankenkassen veröffentlicht, über Menschen, die nicht ausreichend ernährt werden, nicht genügend Flüssigkeit bekommen, ans Bett fixiert werden oder unter Druckgeschwüren leiden, ein Teil der Sackgasse sind. Sie sind Ergebnis eines technischen Zugangs zu dem Problem. Wenn man Pflegemaschinen in diesem Ausmaß organisiert, dann entstehen solche Versorgungsengpässe. Denn die Maschinen sollen ja auch immer billiger laufen, und dafür werden letztlich solche Kontrolleure herumgeschickt. Es ist grotesk, sich über Essen und Trinken und Verbände zu empören, wenn das gesamte System darauf angelegt ist, den Menschen zum Objekt zu degradieren. Dass auch die Seele Pflege braucht, danach fragen diese Kontrolldienste gar nicht, das wird nicht gemessen, und bezahlen will es schon gar keiner.

Unser heutiges Pflegesystem ist unsäglich – und es ist schon jetzt kaum finanzierbar. Ein Platz im Altenheim kostet heute 3500 bis 4000 Euro im Monat – das ist für einen normalen Rentner kaum zu tragen. Da werden Menschen, die ein Leben lang gearbeitet haben, wegen ihrer Hilflosigkeit zu Sozialhilfeempfängern gemacht. Oder Familien werden vor Gericht gezerrt, damit sie den Heimplatz für die Großmutter zahlen. Mit Würde hat das nichts zu tun. Und: Das Problem wird sich vermehren. Pflegebedürftigkeit wird künftig zwar später auftreten, denn nur wer vital ist, wird auch länger leben. Noch zeichnen sich aber keine Antworten auf die zahlreichen Geißeln des Alters wie Krebs, Demenz oder Parkinson ab. Spätestens ab achtzig ist eine biologische

Grenze erreicht. Im hohen, so genannten »vierten Alter« ist der geistige und körperliche Verfall eklatant. Die Hälfte der Hochbetagten wird dement. Sechzig Prozent der Menschen zwischen 90 und 95 Jahren sind pflegebedürftig. Im Jahre 2020 rechnet das Statistische Bundesamt mit etwa 2,83 Millionen Pflegebedürftigen, das ist ein Anstieg von 39 Prozent. 3,4 Prozent der Gesamtbevölkerung wären dann pflegebedürftig. Schon allein wegen dieser Fakten dürfen wir nicht weiter in eine absurd teure und zugleich menschenverachtende Pflegelandschaft investieren.

* * *

Ich stehe Vollpflegekonzepten, dieser Rundumbetreuung, sehr kritisch gegenüber. Was wir brauchen, ist ein Systemwechsel hin zu einer Hilfe zur Selbsthilfe, weg von einem Wir-übernehmen-alles. Ich weiß, dies ist eine schwierige Debatte, aber Erfahrungen aus anderen Bereichen zeigen, dass es geht. Ein gutes Beispiel ist in diesem Zusammenhang der Umgang mit lebenslang behinderten Menschen, die auch heute noch von Vormundschaftsgerichten für vierzig, fünfzig Jahre, bis zu ihrem Tod, in Landeskrankenhäuser eingewiesen werden. Oft leben die Angehörigen weit weg, die Behinderten sind sich selbst überlassen – eine schreckliche Situation, sowohl für die Pfleger als auch für die Betroffenen. Ich bin neben einer solchen Einrichtung aufgewachsen. In der NS-Zeit wurden hier Behinderte umgebracht. Da mein Vater in der Bekennenden Kirche aktiv war, wurde zu Hause auch darüber gesprochen. Ich wusste als kleiner Junge, dass es Euthanasie gab. Als ich Senator für diesen Bereich wurde und manche der Nachbarn von früher auf meinen Antrittsbesuchen in den Einrichtungen des Bremer Landeskrankenhauses wiedertraf, wusste ich, warum ich hier etwas ändern wollte. Wir haben dann dieses System in den siebziger Jahren mit Geldern der Bundesregierung aufgebrochen. Das Konzept hierfür hatte Caspar Kulenkampff geschrieben, der für Käthe Strobel, Gesundheitsministerin unter Willy Brandt, eine Enquete-Kommission zum Thema Psychiatrie geleitet hatte. Wir haben eine kommunale Psychiatrie entwickelt, unser Landeskrankenhaus aufgelöst und alle geistig Behinderten und psychisch Kranken in Wohngemeinschaften untergebracht. Damals waren wir vielen Vorwürfen ausgesetzt. Wir würden die Kranken und Behinderten vernachlässigen, wir würden uns strafbar machen und dergleichen mehr. Inzwischen gibt es eigentlich niemanden mehr, der dieses Konzept anficht.

Heute gibt es in Bremen 150 dieser Wohnungen, in denen vier bis fünf Pflegebedürftige mit ihren Helfern leben. Diese WGs sind selbstverwaltet. Und das, obwohl die Menschen, die in ihnen leben, früher schon für die Gemeinschaft verloren waren, gar nichts mehr konnten. Damit dieses System funktioniert, gibt es Kriseninterventionsdienste, die rund um die Uhr Unterstützung anbieten. Es gibt tagesstrukturierende Angebote, an denen die Betroffenen teilnehmen können. Es gibt Werkstätten, in denen sie arbeiten können. Es gibt Kulturprogramme, die sie selber gestalten. »Die Blaumeiers«, ein Künstleratelier in Bremen, in dem Behinderte und Nichtbehinderte miteinander arbeiten, sind eine der wunderbarsten Kultureinrichtungen, die ich kenne. Den Film *Ver-*

rückt nach Paris, 2002 bei der Berlinale der Publikumserfolg, haben diese schwerstbehinderten Menschen gemacht. In meiner unmittelbaren Nachbarschaft sind mehrere dieser Wohngemeinschaften. Und wenn ich den Bewohnern auf der Straße begegne oder beim Einkaufen, dann grüßen wir uns und reden miteinander. Und wer nicht reden kann, kommuniziert anders mit mir, strahlt mich an, weil er mich erkannt hat.

Inzwischen hat Bremen ja auch seine Sonderkindergärten aufgelöst und nimmt alle behinderten Kinder in die Regelkindergärten auf. Kinder, die zum Teil nicht sitzen, nicht reden können. Und es hat sich gezeigt, dass die nichtbehinderten Kinder überhaupt kein Problem damit haben. Im Gegenteil, sie eignen sich zusätzliche Kompetenzen an. Ich habe in solchen Integrationskindergärten autistische Kinder kennen gelernt, die mit den Erwachsenen nicht kommunizieren können. Doch mit anderen Kindern können sie lachen und spielen.

Was vorher eine Last war, ist nun ein Gewinn für die Gesellschaft geworden. Wenn eine solche Integration von Schwerstbehinderten möglich ist, dann muss das doch auch mit Menschen gelingen, die ihr Leben gelebt haben und die nun im Alter gebrechlich, inkontinent oder vergesslich geworden sind. Ich glaube sogar, dass man der Demenz und dem Alzheimer entgegenarbeiten kann, indem man alte Menschen, die davon bedroht sind, beschäftigt, aktiv hält, mit Menschen zusammenbringt. Nur nicht still stellen, nur nicht hospitalisieren. Wir brauchen hier eine fundamentale Korrektur. Aus humanen Gründen – und letztlich auch aus ökonomischen. Wir müssen raus aus unseren betriebswirtschaftlich durchkalkulierten Pflegemaschinen – »Pflegekasernen« nennt sie mein Freund Alexander Künzel, selbst Geschäftsführer einer großen Einrichtung. Wir müssen die Heime öffnen. Wir müssen die Angehörigen unterstützen und einbinden. Wir müssen den Altenpflegeberuf zu einem Unterstützerberuf aufwerten. Warum können wir Pflegekasernen finanzieren, aber keine Quartiersmanager, die in Bürgerhäusern dafür sorgen, dass sich die Generationen mischen? Warum können Sechzig- bis Achtzigjährige nicht gesellschaftliche Aufgaben erhalten, die ihnen Lebenssinn vermitteln und die die anderen Generationen entlasten? Warum können Angehörige von Heimbewohnern nicht einmal die Woche für einen Ausflug sorgen? Warum können sich Altenpfleger nicht als Assistenten und ihre Schützlinge als Arbeitgeber verstehen, wie es die körperlich Behinderten inzwischen durchgesetzt haben? Dieses Riesenproblem Pflege können wir nur in den Griff bekommen, wenn wir es in die Mitte der Gesellschaft holen und jeder seinen Teil dazu beiträgt.

* * *

Zunächst sind es die Betroffenen selbst, die stärker eingebunden werden müssen. Wir müssen die Selbständigkeit alter Menschen fördern, ihnen, solange es geht, ein Leben in den eigenen vier Wänden ermöglichen. Das eine ist, dass der Wohnungsbau sehr viel stärker barrierefrei werden muss. Türen müssen breit genug sein, damit auch ein Rollstuhl durch sie hindurchpasst. Schwellen müssen zurückgebaut und gar nicht erst eingebaut werden, damit man nicht stolpert. Bäder müssen groß sein, damit genug Platz ist, um einen alten Menschen in die Wanne zu heben oder besser noch unter die Dusche fahren zu lassen. Und Fahrstühle müssen nachgerüstet werden, damit auch die Wohnung im fünften Stock erreichbar bleibt und man im Alter nicht umziehen muss. Das andere ist: Wir müssen diese Altenghettos, diese Seniorenwohnsiedlungen irgendwo draußen in der Einsamkeit abschaffen. Dort werden nur alle zur gleichen Zeit pflegebedürftig. Quartiere mischen ist das Stichwort! Die allein lebende alte Frau neben der jungen Familie, das Rentnerpaar neben der Alleinerziehenden. Früher wurde immer gesagt, die Alten könnten keinen Kinderlärm vertragen. Genau das Gegenteil ist richtig: Die meisten alten Menschen drücken sich die Nase an der Fensterscheibe platt, wenn im Garten Kinder spielen, und wenn es dann warm wird, setzen sie sich auf die Bank daneben. Wie sich selbst Hochbetagte freuen, wenn mal ein Ball auf sie zurollt – so bekommen sie das Gefühl, einbezogen zu sein. In solchen generationsgemischten Quartieren, so hoffe ich, ist es dann auch möglich, dass sich die Nachbarschaft um jemanden in ihrer Mitte kümmert, der Hilfe braucht. Dass immer jemand da ist, der mal eben den Einkauf übernehmen kann oder den Arzt ruft, falls es nötig wird. Hier geht es ja nicht um harte Pflege, sondern um nachbarschaftliches Denken. Warum nicht die einsame Siebzigjährige von nebenan zum Sonntagsessen einladen? Durch solche Kleinigkeiten können Nachbarschaften entstehen, die über die Familien hinaus Nähe schaffen. Mir ist bewusst, dass es eher eine Minderheit ist, die von allein auf die Idee kommt, sich um die Nachbarn zu kümmern – gerade in der Großstadt. Um solche informellen Hilfsstrukturen anzustoßen, brauchen wir Quartiersmanager und Sozialarbeiter, die die Kontakte im Stadtteil knüpfen.

Die Pflege alter Menschen wird künftig noch weniger ohne Ehrenamtliche auskommen. Doch wie bringt man möglichst vielen Menschen diesen Bereich nahe? Viele spätere Freiwillige kommen heute über den Zivildienst oder das Freiwillige Soziale Jahr zur Pflege. Man kann solch ehrenamtliches Engagement aber auch gezielt während der Schulzeit oder Ausbildung fördern. Warum sollen Schulpraktika nicht auch in einer Pflegeeinrichtung stattfinden können? Und in den Ausbildungsgängen – auch bei betrieblicher Ausbildung – könnte man soziale Tätigkeiten besonders honorieren. Soziale Kompetenz ist in unserer Kommunikationsgesellschaft enorm wichtig. Also könnten die Personalstellen bei Jobausschreibungen Belege sozialen Engagements einfordern. Dann bremst so eine Zeit im Altenheim nicht die Karriere, sondern befördert sie. Und natürlich macht öffentliche Anerkennung auch soziales Engagement attraktiver. Das Wichtigste aber vielleicht ist, dass wir auf die Menschen zugehen und sie direkt ansprechen. Die meisten würden doch mit anpacken, wenn man sie darum bittet – warum also nicht in die Sportvereine, die Kulturvereine gehen und die potentiellen Freiwilligen dort abholen? Hierfür braucht es Vorbilder, die schildern können, wie das Engagement für alte Menschen ihr eigenes Leben bereichert hat. Vorbilder, die vermitteln können, wie sie Anerkennung und Freundschaft, Nähe und Lebenssinn durch diese Arbeit gefunden haben. Die Bremer Wohnungsbaugesellschaft GeWoBa wirbt übrigens damit, dass es in ihren Blöcken enge nachbarschaftliche Netze gibt, die professionell unterstützt werden. So etwas gibt es bereits, es ist keine sozialromantische Idee von mir.

* * *

Wenn dann ein Leben ohne Hilfe nicht mehr möglich ist, sind es in erster Linie die Familien, die die Pflege übernehmen. Und die werden zu oft allein gelassen mit ihrer Not. Damit aber auch in Zukunft die Partner und Kinder, zumeist die Töchter und Schwiegertöchter, die Pflege eines alten Menschen übernehmen, müssen wir sie stärker unterstützen. Hilfe für die Helfer. Und dazu ist es notwendig, dass die öffentlichen Gelder aus der Pflegekasse künftig in die Ambulanz und die unterstützenden Dienste, nicht in die Einrichtungen geleitet werden. Was wir brauchen, ist die »Ambulantisierung des Pflegesystems«, fordert der Pflegereformer Alexander Künzel.

Wie diese Förderung aussehen muss, hängt ganz von den Stadtteilen ab, in denen man sich bewegt. Im reichen Berlin-Zehlendorf mit seinen Villen sind andere Hilfsstrukturen nötig als in den Plattenbausiedlungen von Berlin-Marzahn. Was wir am wenigsten brauchen, ist ein neuer Generalplan der Bundesrepublik über ambulante Dienste, runtergerechnet auf tausend Nachbarschaften. Das wird nicht funktionieren. Was wir brauchen, ist eine dezentrale Struktur von Altenunterstützungsdiensten mit jeweils eigenen Budgets, die dafür sorgt, dass die adäquate Hilfe vor Ort organisiert wird. Eine zentrale Behörde kann dann die Finanzierungswege und die Budgets kontrollieren. Aus meiner Erfahrung mit der Reform in der Psychiatrie und Behindertenarbeit weiß ich, dass dies sogar letztlich billiger ist, als in große Pflegeeinrichtungen zu investieren. Small is beautiful.

Mit diesen Altenunterstützungsdiensten können dann auch die Angehörigen entlastet werden. Da kommt dann jemand in die Familie, wenn die Helfer selbst krank werden, in Urlaub fahren möchten oder einen wichtigen Termin haben. Da gibt es dann heilpädagogische Projekte, die die Angehörigen nutzen können, um den Pflegebedürftigen für ein paar Stunden oder auch einen

Tag abzugeben. Solche Hilfssysteme gibt es schon, aber sie sind bislang leider die Ausnahme. Doch auch unser Tarifrecht muss sich dringend auf den steigenden Pflegebedarf einstellen. Warum kann es nicht Pflegezeiten für Angehörige geben, die so ähnlich gestaltet sind wie die Erziehungszeiten für Kinder? Warum kann es nicht gesetzlich und tariflich geregelt werden, dass jemand, der zu Hause Verantwortung für einen anderen Menschen übernehmen muss, auf Teilzeit gehen kann – ohne Einbußen bei der Sozialversicherung zu erleiden? Warum soll man Sabbaticals nur nehmen können, um selbst wieder in Schwung zu kommen, warum kann dies nicht auch möglich sein, um mit der Belastung zu Hause zurechtzukommen? Was die Vereinbarkeit von Pflege und Beruf anbelangt, sind wir noch nicht sehr weit gekommen.

Auch wenn keine Familie vor Ort ist, weil der Partner längst gestorben ist oder weil die Kinder weit weg wohnen oder weil man kinderlos geblieben ist, kann alten Menschen ein Leben zu Hause ermöglicht werden. Im Moment haben wir ein Nebeneinander von etablierten, einsamen Alten mit guter Rente und Zugewanderten ohne Einkommen und sozialen Anschluss. Diese beiden Gruppen würde ich gern mischen. Aber das geht natürlich nicht, wenn man Zuwanderung stets dämonisiert, wie es in Deutschland der Fall ist. Nein, man muss den alten Menschen klar machen, dass hier eine ganze Reihe erstaunlicher Zuwanderer mit ihren Kindern in unsere Städte gekommen sind, die es verdienen, akzeptiert zu werden. Durch eine solche Mischung könnte schrittweise eine selbstverständliche, auch gegenseitige Hilfe entstehen. Der Alte erlebt Fürsorge, wird bekocht, hat jemanden, der seinen Einkauf erledigt – und der Zugewanderte wird von jemandem freudig begrüßt, lernt die Sprache und hat auch noch ein Einkommen. Auf dem Schwarzmarkt hat sich aus finanziellen Gründen längst eine solche Struktur realisiert. Es gibt unzählige Familien, die sich Unterstützung aus dem Ausland, zumeist Osteuropa, holen, wenn die Eltern hilfebedürftig werden und man selbst nicht vor Ort ist. Hier herrscht offenbar eine Not, denn sonst würden die Menschen nicht zu solch illegalen Methoden greifen. Und warum soll dies nicht auch mit jenen Migranten möglich sein, die bereits legal bei uns leben? Ich habe eine Schwägerin, pensionierte Lehrerin, die ist mit Mitte vierzig nach Frankreich gegangen. In Paris ging sie zum Sozialamt und erkundigte sich nach Alleinstehenden, die in ihrem Berufsleben früher mit Texten zu tun hatten – ehemaligen Schauspielern oder Lehrern –, sie wolle von ihnen die Landessprache lernen und ihnen dafür vorlesen. Für diese alten, einsamen Pariser war meine Schwägerin ein Engel. Sie haben gemeinsam die Sprache geübt, gegessen und sich unterhalten.

Auch über Familien hinweg kann so Vertrauen und Nähe entstehen. Wie viele Migrantinnen gibt es, gerade muslimische Frauen, die von ihren Männern kaum in die Öffentlichkeit gelassen werden? Familienarbeit jedoch ist in diesen Kulturen hoch angesehen – insofern kann die Aufgabe, auf die ältere Dame in der Nachbarwohnung aufzupassen, auch eine Möglichkeit zur Emanzipation für junge Frauen werden. In größeren Städten sind bereits durch solche informellen Einsätze hochprofessionelle Pflegedienste entstanden, die von Migrantinnen geleitet werden. Kulturell gemischte Pflegedienste kommen auch den Zuwanderern selbst zugute. Ältere Migrantinnen und Migranten sind die am stärksten wachsende Bevölkerungsgruppe in Deutschland. Der Anteil der über sechzigjährigen Zuwanderer wird von gegenwärtig 525 000 auf 2,5 Millionen im Jahre 2030 steigen. Das ist eine Steigerung von 7,2 auf 18 Prozent. Noch werden die Älteren häufig in der Familie gepflegt. Allerdings gehen Experten davon aus, dass sich die Lebensentwürfe der Migrantinnen und Migranten der zweiten und dritten Generation an hiesige Muster anpassen werden. Das bedeutet weniger Kinder. Und weniger Kinder bedeutet mehr Bedarf an professionellen Pflegediensten. Die Pflege älterer Migranten muss sensibel sein, die Tabus und Regeln einer fremden Kultur berücksichtigen. Man kann schließlich einer älteren Muslima, die sich in der Öffentlichkeit stets hochverschleiert gezeigt hat, keinen Pfleger schicken, der sie dann waschen soll.

* * *

Alexander Künzel warnt vor der professionellen Heimversorgung. Wie alle großen Institutionen würden diese Heime sich verselbständigen. Es ist dann das System, das den Tagesablauf bestimmt, und nicht mehr der Mensch. Aufbrechen ließe sich diese institutionelle Macht nur durch mehr Selbstverantwortung der Beteiligten – der alten Menschen und ihrer Angehörigen. Ambulantisierung muss auch im Heim möglich sein. Wie das gehen soll? Angehörige würden eben nicht nur zu Besuch kommen und kontrollieren, ob alles sauber ist und das Essen schmeckt. Oft kompensieren die Angehörigen, die das Familienmitglied ja abgeliefert haben, ihr schlechtes Gewissen dadurch, dass sie nach irgendwelchen Mängeln suchen. Nein, die Angehörigen müssten eingebunden werden und Aufgaben übernehmen. Zum Beispiel die Großmutter mit in den Urlaub nehmen. Oder einen Tag in der Woche mit ihr ins Café oder nach Hause gehen. Oder auch einen Tag die Pflege des Großvaters in der Einrichtung übernehmen. Aber auch die Alten selbst können etwas tun. Warum sollen die Enkelkinder nur zu

Besuch ins Heim kommen? Oft ist der einzige Grund, warum die Heimbewohner so erpicht auf ihr eigenes Geld sind, dass sie den Enkeln ein paar Euro in die Hand drücken können, damit sie auch gewiss wieder kommen. Traurig genug. Warum können im Heim nicht die Schulaufgaben erledigt werden? Es gibt immer genügend Bewohner dort, die fit genug sind, Nachhilfe zu geben. Das nützt den Kindern und regt die Alten an.

Ich habe nie verstanden, warum man in den Altenheimen die Frauen, die ihr Leben lang Hausarbeit gemacht haben, nicht in die Küche lässt. Die Heimleitungen bestellen lieber halbfertige Produkte, die sie in großen Geräten nur noch heiß machen müssen. Es heißt, das sei billiger. Ich bin mir da nicht einmal so sicher, auf jeden Fall ist das keine Hilfe für die Bewohner. Es gibt sicher viele alte Frauen, die gerne mithelfen würden. Da säßen dann mehrere zusammen und schälten für sechzig, siebzig Leute Kartoffeln und könnten sich dabei unterhalten. Und warum lässt man die Rüstigen nicht die Gärten der Altenheime machen? Das wird dann vielleicht ein bisschen anders als gewöhnlich, vielleicht stehen dann ein paar Stiefmütterchen zu viel herum – aber was ist das gegen den enormen Gewinn an Lebensfreude für die Heimbewohner?

Oder Tierhaltung. Es ist ein absolutes Tabu, im Heim Tiere zu halten. Zu unhygienisch, heißt es. Dabei sind es oft die Tiere, die einem alten, einsamen Menschen noch Freude machen, etwas, dem sie noch Fürsorge entgegenbringen können. Dies zu verbieten, ist grausam. Aber natürlich ist es auch wichtig, um eine Einrichtung herum kulturelle oder sportliche Angebote zu installieren, damit die Bewohner auch mal vor die Tür kommen. Das wäre ein erster Schritt zu menschenfreundlicheren Pflegeeinrichtungen.

Alexander Künzel ist bereits einen Schritt weiter. Er baut keine Heime mehr. Er baut Dörfer. Für einen Außenstehenden ist oft nicht zu erkennen, wo so ein Dorf in der Stadt anfängt und wo es aufhört. Und das ist Absicht. Diese Zentren baut Künzel nicht nur in den schönen, bürgerlichen Quartieren, sondern auch in Arme-Leute-Gegenden – eben dort, wo die künftigen Bewohner leben. Und weil in einem Dorf nicht nur Pflegebedürftige und Alte leben, gehört zu einem Dorf nicht nur eine Altentagesstätte. Da leben auch Kinder, also gibt es auch einen Kindergarten. Da leben auch Arbeitslose, also gibt es auch ein Arbeitslosenzentrum. Da wird auch ausgegangen, also gibt es auch ein Café. Da wird auch eingekauft, also gehört zum Dorf auch ein großer Kiosk. Die Straßen sind verkehrsberuhigt. Die Wohnungen sind so umgebaut, dass in ihnen auch schwere Pflege möglich ist. Das bedeutet, dass hier niemand ausziehen muss, nur weil er bettlägerig geworden ist. Niemand muss zum Sterben in ein Hospiz. Wenn jemand schwer erkrankt, dann bekommt er eine Klingel ans Bett, damit er sich auch nachts Hilfe holen kann, und zur Pflegerin kommt eben auch noch eine Ärztin hinzu. Für den Betroffenen bleibt diese Sterbebegleitung dezent. Er lebt weiter in seiner Wohnung, bei seinen Büchern, seinen Bildern, seinen Möbeln. Und das Beste an diesen Dörfern ist: Sie sind selbstverwaltet. Während in konventionellen Pflege-Einrichtungen die Heimsprecher oft schon von Pflegern geführt werden müssen, wird hier darauf Wert gelegt, dass die Räte noch geistig und körperlich fit sind. Hier sprechen ehemalige Richter und Mediziner für die Gemeinschaft – da wird nicht so schnell über den Kopf der Bewohner hinweg entschieden.

Für eines seiner Dörfer hat Alexander Künzel die Bremer Kirchengemeinde Zion gewonnen. Nun ist das Gemeindezentrum gewissermaßen der Marktplatz, auf dem sich alle Bewohner des Dorfes treffen. Oder das Dorf um die alte Feuerwache im Bremer Stadtteil Oslebshausen, ein Stadtviertel mit überwiegend türkischstämmigen Bewohnern. Dort bin ich mit dem Bundespräsidenten gewesen. Horst Köhler konnte sich gar nicht mehr trennen von dem Ort und seinen Leuten, weil er so begeistert war. In dem Zentrum gibt es einen kleinen Gebetsraum, einen Kindergarten und eine Großküche, in der die Alten selbst für ihre Einrichtungen kochen. Und das klappt, es gibt nur eine Aufsicht. Ein drittes Dorf gruppiert sich um das zweihundert Jahre alte Fundamt im Bremer »Viertel«. Hier gibt es Drogenabhängige und Prostituierte, ein schwieriger Bezirk. Doch selbst in dieser Gegend geht das Konzept auf: Die Alten kümmern sich darum, dass alles funktionsfähig und sauber bleibt. Und aus dem Fundamt haben sie in Eigenregie ein attraktives Stadtteilkulturzentrum mit Ausstellungen, Lesungen und Konzerten gemacht. Hier sind die Alten der vitale Teil des Dorfes und sorgen für ihre Nachbarschaft.

Zugegeben: Die Dörfer von Alexander Künzel sind gut finanziert. Das liegt zum einen daran, dass sie sich zu hundert Prozent im Eigentum der Stadt befinden und keine Rendite bringen müssen; die Grundstücke und die Immobilien sind quasi geschenkt. Zum anderen hat die Heimstiftung über fast fünfzig Jahre ein Modell mit einer Bank entwickelt, bei dem die künftigen Anwärter sich ihr Anrecht auf einen Platz in der Einrichtung ansparen können. Somit bekommt Künzel eine günstige Kreditfinanzierung für den Bau seiner Dörfer. Letztlich jedoch ist der Betrieb eines Dorfes nicht teurer als ein konventionelles Pflegeheim. Es ist aber lebenswerter.

* * *

In solchen bunten Dörfern als Pflegekraft zu arbeiten ist selbstverständlich viel attraktiver als in einer konventionellen Einrichtung, in der das Personal von Zimmer zu Zimmer hetzen muss. Und Attraktivität hat der Pflegeberuf dringend nötig. Die Fluktuation in diesem Bereich ist hoch, viele Pflegekräfte sind schon nach wenigen Jahren Dienst ausgebrannt – körperlich und seelisch. Doch eine alternde Gesellschaft ist auf Menschen angewiesen, die bereit sind, diesen schweren Beruf zu ergreifen. Deshalb müssen wir den Pflegeberuf aufwerten. Man muss den Mitarbeitern berechtigte Hoffnung machen, dass Pflegen mehr sein kann, als nur Urin und Kot beiseite zu schaffen. Und das geht nur über eine erstklassige Ausbildung, die auch Aufstiegschancen bietet. Alexander Künzels Pflegeschule nimmt vor allem Frauen ab vierzig Jahren auf, die die Erziehungsphase hinter sich haben – belastbare und lebenserfahrene Frauen mit viel sozialer Kompetenz. Unter diesen Absolventinnen gibt es einige, die noch mit fünfzig Jahren Pflegewissenschaft oder Psychologie studieren und dann in die Leitung der Heimstiftung oder anderer Einrichtungen aufsteigen. Der Beruf Pflegerin darf nicht zur Sackgasse werden, man muss sich weiter qualifizieren können. Warum soll eine Altenpflegerin nicht mit entsprechender Zusatzausbildung als Therapeutin, Quartiersmanagerin, Kulturmanagerin, Gestalttherapeutin oder Logopädin arbeiten können? Solche Karrieren müssen wir ermöglichen. Denn nur, wer eine Perspektive sieht, wird die Arbeit gerne tun, die gerade ansteht. Und da sind solche Dörfer natürlich auch eine bessere Adresse, weil sie den Mitarbeitern vor Augen führen, wie viele Berufsbilder es in ihrem Bereich gibt. Zudem: Hier arbeitet man im Team zusammen und ist nicht nur unter sich – allein das kann sehr zu einem besseren Arbeitsklima beitragen. Und ein gutes Arbeitsklima kommt letztlich auch den Hilfebedürftigen zugute.

8. Abschied nehmen

Irgendwann stellt man fest, es gibt Dinge, mit denen will man sich nicht mehr aufhalten. Es ist wohl eine Frage des Alters. Statistisch gesehen hat man mit Ende sechzig einfach nicht mehr so viel Zeit wie mit Anfang dreißig. Man fängt an, über sich und seine verbleibende Zeit nachzudenken und will sich nun mit wesentlicheren Dingen und wichtigeren Menschen und mit Projekten beschäftigen, die einem etwas bedeuten. Man ist aus bestimmten Sachen rausgewachsen, haben wir im Freundeskreis festgestellt. Ursula ist froh, dass Notenvergabe und Teilnahme an Konferenzen nicht mehr zu ihren Aufgaben gehören. Luise ist froh, keine Laternenumzüge mit Grundschülern mehr organisieren zu müssen. Den Schulalltag haben sie hinter sich gelassen. Und ich freue mich über den Lastabwurf der Politik. Das heißt nicht, dass diese Dinge uns unwichtig waren – sie haben nur keinen Platz mehr in unserem Altersleben. Sicher denkt man in jedem Alter über sich nach und darüber, wie sinnvoll das ist, womit man sich gerade beschäftigt. Aber ich habe den Eindruck, dass die Selbstreflexion im Alter zunimmt. Man hat auch einfach mehr Zeit dafür. Klaus sagt, er habe nun de facto acht Stunden und mehr am Tag, die er früher der Arbeit gewidmet hat. Ob er diese Zeit nun Dingen widme, die er immer schon tun wollte, vertrödele, was ihm gerne mal passiert, oder aber intensiv nutze, habe nichts mit seinem Alter zu tun, sondern sei lediglich der Freiheit von der Arbeit geschuldet.

Mein Freund Hans-Christoph schwört auf die japanische Methode Naikan. Mit dieser Methode sei es relativ einfach, sich seiner selbst bewusst zu werden. Naikan besteht aus drei Fragen, die man sich angesichts einer Person stellt, die eine Rolle im eigenen Leben gespielt hat. Was hat die Person dir Gutes getan? Was hast du ihr Gutes getan? Und was hast du ihr zugemutet? Durch diese Art Aufarbeitung lässt sich das eigene Leben strukturieren, sortieren und auch gewichten. Und möglicherweise stellt man dann fest, dass ausgerechnet die Dinge einen tragen, die man bislang für völlig unwichtig gehalten hat. Vermeintliche Banalitäten stellen sich im Nachhinein dann als Schlüsselerlebnisse heraus. Der Charme dieser Methode liegt im Erkenntnisgewinn über die eigene Person. Und ich bin fest davon überzeugt: Wer sich gut kennt, kann Einschnitte und Verluste, die das Altersleben nun einmal mit sich bringt, leichter bewältigen. Viele müssen den Verlust des Partners ertragen, Freunde sterben, der eigene Körper verfällt, man gerät in Vergessenheit.

Mir ist es im Alter sehr wichtig geworden, mir meiner Haltung gegenüber meiner eigenen Familie bewusst zu werden. Unsere Eltern wollten, dass wir eine eng zusammenhaltende, erfolgreiche Aufsteigerfamilie werden. Das ist jedem Einzelnen gelungen, aber zusammengehalten, wie die Eltern sich das wünschten, haben wir Geschwister nicht. Jetzt im Alter entdecken wir einander neu, behutsam und schrittweise. Wir mussten uns wohl, jeder auf seine Weise, zuerst aus dem Elternhaus emanzipieren, mussten eigene

Erfahrungen sammeln, wollten unsere eigene Familie nicht von der Zustimmung der Eltern abhängig machen, überhaupt erst ein eigenes Nest bauen, bevor die anderen Geschwister ihren Kommentar dazu abgaben. Wir sind auch politisch alle unsere eigenen Wege gegangen. Meiner war der öffentlichste, er wurde unterschiedlich toleriert von den anderen: Wir haben weder politisch noch beruflich je zusammengearbeitet. Warum meine familiäre Situation so ist, wie sie ist, habe ich dank der Methode Naikan verstanden.

Meine Großmutter hat mir, ohne Ausnahme, ihre Liebe, ihre Fürsorge, ihre Anteilnahme geschenkt. Sie war ein Vorbild an Bescheidenheit, ja Bedürfnislosigkeit und immer großzügig im Verschenken. Ich habe sie geliebt und ihr gerne Wünsche, die sie allerdings ganz selten hatte, erfüllt. Mein pubertätsbedingtes schulisches Versagen und mein dadurch bedingtes Stottern haben ihr großen Kummer bereitet.

Meine Mutter hat mich sehr geliebt, allerdings mit hohem Erwartungsdruck. Ihre eigenen Wünsche hat sie uns Kindern gegenüber immer wieder zurückgestellt, um möglichst alle Kräfte auf uns Kinder konzentrieren zu können. Ich habe sie sehr geliebt und – sicherlich mit viel Unvermögen – ihr zu helfen versucht. Aber nach meinem Auszug aus dem Haus zu Beginn der Studienzeit habe ich sie nicht mehr so begleitet, wie ich es mir im Nachhinein wünsche. Und beim Sterben habe ich sie allein gelassen.

Mein Vater hat uns alle sechs Geschwister geliebt, obwohl er umso weniger von uns verstand, je älter wir wurden. Ich war für ihn wichtig, weil ich Pastor werden wollte – sein eigener Berufswunsch, den er verfehlt hat, weil er zu Hause nicht genügend gefördert worden ist. Vielleicht bin ich zu sehr auf der Seite von Mutter und Großmutter gewesen. Erst im Alter und im Wesentlichen nach seinem Tod wurde mir bewusst, wie nah und wie ähnlich wir einander sind. Es hätte ihm gut getan, wenn ich das zu seinen Lebzeiten gewusst hätte und ihm hätte zeigen können.

Meine älteste Schwester hat, solange sie zu Hause war, uns jüngere Geschwister als ihre Aufgabe gesehen und viel Geduld für uns aufgewandt. Als kleiner Bruder habe ich sie gemocht und von ihr gelernt, dass Schule wichtig und unsere St.-Stephani-Gemeinde noch wichtiger ist. Das hat ihre Zuneigung zu mir vertieft. Nach ihrer Heirat mit einem mir bis zu seinem Tod gänzlich fremd Gebliebenen sind wir uns auch fremd geworden. Ich habe mir keine Mühe gegeben, das zu verhindern oder zu ändern.

Meine zweitälteste Schwester musste auf Druck meines Vaters gegen ihren Willen vorzeitig die Schule verlassen und sich für die Drogerie ausbilden lassen. Sie hat diesen großen Frust in sich hineingefressen und nicht an uns jüngeren Geschwistern ausgelassen. Sie hat, obwohl sie eine andere politische Grundorientierung hat als ich, am meisten von meinen Geschwistern Anteil an meinen öffentlichen Rollen genommen. Da ich mich gut mit ihrem Mann vertrage, haben wir immer wieder Anlässe für gemeinsame Erfahrungen gefunden. Das hat sich auch auf ihre Kinder übertragen. Und doch habe ich mir zu wenig Mühe gegeben, ihr schweres Leben zu verstehen und mich so gut wie nie angeboten zu helfen.

Mein älterer Bruder war mir ein Schul- und Studentenleben lang Vorbild für Lerndisziplin. Wir drei jüngeren Brüder waren für ihn gelegentlich die Sparringspartner, an denen er seine Überlegenheit ausprobierte. Wir haben ihn dabei gewähren lassen. Ich habe erst spät, erst nach seinem Schlaganfall, wirklich begriffen, dass er von Beginn an ein schweres Leben gehabt hat. Inzwischen kann ich ihn als mir sehr vertraut annehmen, so wie er ist, ohne Konkurrenzprobleme.

Mein jüngerer Bruder und ich sind uns am nächsten von allen und können uns das auch eingestehen. Obwohl ich ihn als der Ältere sicher oft bedrängt habe, hat er mir das nicht mit Feindseligkeit beantwortet. Es gibt ein Foto mit ihm und unserer Großmutter. Wenn ich dieses Bild sehe, spüre ich bis heute die große Zuneigung, die ich für ihn empfinde. Trotz meiner Nähe haben wir uns seit der Studienzeit selten verabredet und nur einmal gemeinsam Urlaub gemacht und haben es nicht fertig gebracht – was mein Wunsch bis heute ist – zusammenzuziehen.

Mein jüngster Bruder, der lebhafteste, der Unternehmer, der Familien-Treueste – er hat es schwer mit seinen studierenden Geschwistern gehabt und doch nie aufgegeben, die geschwisterliche Nähe zu suchen.

Besonders gerne denke ich an unsere Zeltwanderung zu zweit durch die Alpen. Wir waren sehr jung und haben einander sehr vertraut. Wie bei den anderen Geschwistern mache ich mir den Vorwurf, nicht genügend in die lebenslange Geschwisterlichkeit investiert zu haben.

* * *

Meine Mutter starb 1979. Dies war, was die Umstände des Sterbens anbelangt, der erste moderne Todesfall in unserer Familie. Meine Großmutter starb noch in ihrem eigenen Bett im Kreise ihrer Familie, mein Vater erlitt auf einer Urlaubsreise einen plötzlichen Herztod. Meine Mutter jedoch beschloss ihr Leben in einem Bremer Krankenhaus, in einem anonymen Zimmer, hygienisch gekachelt und mit Sauerstoffflasche an ihrem Bett. Was ich mir bis heute nicht verzeihen kann: Ich war auf einem Juso-Kongress und machte Politik, statt bei ihr zu sein und ihre Hand zu halten.

In unserer heutigen Gesellschaft ist der Tod institutionalisiert. Die meisten von uns sterben im Krankenhaus, im Pflegeheim oder

Hospiz. Etwa siebzig bis achtzig Prozent der Deutschen, dies wurde anhand einer Regionalstudie aus Rheinland-Pfalz hochgerechnet, sterben in einer öffentlichen Einrichtung. Eine enge Freundin von mir, Viola, inzwischen achtzig Jahre alt, Sozialwissenschaftlerin aus Frankfurt am Main, sagt, eine ökonomisierte Gesellschaft pflege eben auch einen ökonomisierten Umgang mit dem Tod. Ich finde die Vorstellung furchtbar, zum Sterben die gewohnte Umgebung und die vertrauten Menschen zu verlassen. Ich stelle mir vor, dass man gerade in den letzten Stunden so viel Sicherheit und so viel Liebe wie nur irgend möglich braucht.

Der entmenschlichte Umgang mit dem Ende des Lebens war für mich eines der Motive für unsere Hausgemeinschaft. Wir wollten uns gegenseitig stützen können. Bei uns sollte niemand allein sein, wenn er stirbt. Und bislang sind wir unseren Ansprüchen auch gerecht geworden. Als Rosmarie, die von Beginn an zu den Bewohnern dieses Hauses gehörte, 1992 mit 54 Jahren an Krebs starb, hatten wir sie zwei Jahre lang gemeinsam gepflegt. Sie starb in unserer Mitte. Genauso ihr Sohn Klaus, der vier Jahre nach ihr mit 29 Jahren auch an Krebs starb. Wir haben es geschafft, zwei Menschen bis zum Tod zu begleiten – und das haben wir vor allem den Frauen in unserem Haus zu verdanken, die die Hauptlast der Pflege getragen haben. Wir waren alle noch berufstätig. Die Frauen als Lehrerinnen, einer von den Männern als Betriebsarzt, ein anderer als Priester im Strafvollzug, ein weiterer baute eine berufsqualifizierende Fortbildung in den neuen Bundesländern auf, und ich selber war als Senator für Bildung und Wissenschaft und für Justiz bis spätabends unterwegs. Jeder packte mit an, so gut er konnte und wie er Zeit hatte. Jeder traute sich alles zu, war aber nicht immer der Geschickteste – so dass letztlich die beiden Frauen, unter Assistenz von uns Männern, die meiste Zeit und die meiste Mühe aufwandten. Es war für uns alle eine schwere Zeit, aber auch eine große Bereicherung unseres Lebens. Ursula, die nächtelang neben Rosmarie gesessen hat, sagt, es sei eine wichtige Erfahrung für sie gewesen, der Freundin beim Sterben nahe zu sein. Sie erwägt daher, eine Hospiz-Ausbildung zu machen, Menschen in ihren letzten Tagen zu begleiten – einmal, um zu helfen, und auch, um durch das Erleben der konkreten Sterbesituation weiter mit diesem Abschnitt des Lebens in Kontakt zu bleiben.

Doch es sind auch die beiden Frauen, die unser Modell inzwischen als Wackelpartie sehen. Ursula zum Beispiel meint, sie erfahre jetzt mit 66 Jahren anders und deutlicher, was es bedeutet, alt zu werden. Wir alle waren um die fünfzig, als Rosmarie starb. Ursula sagt, dass sie zu der Zeit sehr viel mehr Kraft hatte als jetzt. Und sie wüsste nicht, wie es ihr in Zukunft gehen würde, ob sie es noch einmal schaffen würde, eine so harte Zeit durchzustehen. Meine Frau Luise hält allein den Umstand, dass in diesem Haus sechs Leute etwa gleichen Alters leben, die zusammen alt und gebrechlich werden und dem Tode näher kommen, für einen Unsicherheitsfaktor. Der Erste und der Zweite könnten vielleicht noch im Kreise der Lieben krank werden und sterben, aber was sei mit dem Fünften und Sechsten? Wer rückt in die Wohnungen nach? Seien mögliche neue Mitbewohner dann auch bereit, sich um die Älteren intensiv zu kümmern? Und wollen wir selbst das dann auch?

Luises und meine Idealvorstellung ist es, in diesem Haus zu sterben, vielleicht mit professioneller Hilfe, aber in der Nähe von den Menschen, die uns lieb und wichtig sind. Unsere Mitbewohnerin Ursula fragt sich, wie realistisch dieses Modell ist: Wie sehr kann sie ihre Freunde belasten, wie lange kann sie notwendig werdende Pflege von ihnen in Anspruch nehmen? Auch ihren Kindern in Hamburg und Berlin möchte sie nicht mehr zumuten, als neben dem Beruf zu leisten ist. In der Konsequenz bedeutet diese Haltung, dass sie bei Pflegebedürftigkeit und zum Sterben eine Institution braucht – zumindest, wenn ihr kein schneller, leichter Tod vergönnt ist.

Klaus sagt, in unserer modernen Gesellschaft gehe kein Weg an Sterbeinstitutionen vorbei. Und es sei auch gar nicht die Frage, ob es solche Einrichtungen gebe, sondern wie sie beschaffen seien. Mehr Menschlichkeit auch am Ende des Lebens. Ursula wünscht sich ein Pflegeheim oder Hospiz, in dem neben der professionellen Pflege persönlicher Beistand nicht ausgeschlossen ist. Ihre Angehörigen und Freunde sollten die Möglichkeit haben, nicht nur zu festgelegten Besuchszeiten bei ihr zu sein. Ein Modell, das Alexander Künzel ja im Bereich der Pflege vorschwebt und das er die Ambulantisierung der Institutionen nennt.

Mit Viola und ihrer Freundin Margot, die ebenfalls aus Frankfurt kommt, bin ich seit über 25 Jahren zunächst beruflich und dann sehr persönlich verbunden. Wir haben in meiner Zeit als Jugend- und Sozialsenator die gesamte bremische Jugend- und Sozialverwaltung nach einem Zielgruppen- und Stadtteilkonzept umgebaut. Ausgangspunkt sollte nicht die Gesetzessystematik, sondern die Lebenslagen der Personen sein, für die die Sozialverwaltung tätig wird. Nach ihrer Pensionierung entschieden die beiden Frauen sich, endgültig in Bremen zu bleiben, und wir treffen uns bei vielen gemeinsamen Aktivitäten, zum Beispiel in unserem Bremer Lehrhaus. Diese beiden erfahrenen Sozialwissenschaftlerinnen überlegen, wie ein neues Altersmodell für sie aussehen könnte. Sie wollen vielleicht nach und nach mit Freunden in eine kleinere Pflegeeinrichtung einziehen. Ihr Altersmodell soll dann eine Mischung sein aus der Nähe mit Menschen, denen sie sich verbunden fühlen, und der Nähe von Ärzten und Pflegerinnen, die stets da sind, wenn sie gebraucht werden. Viola sagt, nur unter diesen Umständen könne sie sich ein Leben im Altenheim überhaupt vorstellen. Der Einzug ins Heim, so stellt es sich Viola vor, müsse nicht gleichzeitig stattfinden, sondern jeder könne, sobald es für ihn an der Zeit sei, sich dort einfädeln. Wichtig sei nur, sich rechtzeitig über diesen Schritt Gedanken zu machen, und nicht erst, wenn man schon so gebrechlich ist, dass man es für sich selbst nicht mehr regeln kann. Man müsse sich rechtzeitig im Freundeskreis zusammensetzen und über eine solche Einrichtung diskutieren.

Dass es nicht so einfach ist, den richtigen Zeitpunkt zu finden, zeigt allein die Tatsache, dass Margot noch nicht bereit ist, mit Viola diese Pläne zu konkretisieren. Sie sagt, sie sei noch nicht so weit, ans Altenheim zu denken. Sie fühle sich noch so im Leben stehend, dass für sie andere Dinge im Moment wichtiger seien. Margot hatte gemeinsam mit Viola nach ihrer Rente beschlossen, konsequent mit dem Berufsleben zu brechen und keine Beratungen mehr in ihrem ehemaligen Fachgebiet zu übernehmen. Es habe sie früher immer genervt, wenn in irgendwelchen Gremien Experten mit schon wackeligen Köpfen saßen und von ihren Fällen aus früheren Jahren berichteten. Deshalb wollten die beiden einen klaren Schnitt mit der beruflichen Sozialarbeit. Margot sagt, sie sei in ihrem Beruf immer sehr glücklich gewesen, die Frage nach dem Sinn des Lebens habe sich ihr nie gestellt. Ihr ganzes Leben lief immer auf ein Ziel zu – seit ihrer Jugend habe sie die Gesellschaft verändern wollen. Doch plötzlich, als Rentnerin, stellte sich die Sinnfrage für sie völlig neu. Margot beschäftigt sich nun mit Kunst, mit Philosophie, mit Theologie – nicht, dass sie das nicht schon früher getan hätte, aber erst jetzt hat sie wirklich Zeit dafür, und die Fragen stellen sich anders. Viola hingegen hat den Punkt erreicht, an dem sie auch durch ihren gesundheitlichen Zustand gezwungen ist, über Fragen der künftigen Lebensweise nachzudenken.

* * *

Durch die Diskussionen im »Lehrhaus Bremen«, aber auch durch die gemeinsamen Erfahrungen in unserer Hausgemeinschaft entstehen bei uns häufiger Gespräche, wie wir alt werden und wie wir sterben wollen. So haben wir uns auch für dieses Buch zusammengesetzt und uns in vertrauter Offenheit gefragt: Wie gehen wir auf das Ende des Lebens zu? Wie können wir lernen zu akzeptieren, dass das Leben endlich ist? Wie gehen wir mit unserer Wut um, dass wir sterben müssen? Wie mit der Depression, mit der Angst? Ich zum Beispiel kann nicht glauben, dass es ein Leben nach dem Tod gibt, ich kann nur sagen: Ich will das Leben vor dem Tod leben. Unsere Freundin Rosmarie dagegen hatte eine andere Vorstellung. Sie hatte, schwer krank schon, ein Bild geschenkt bekommen. Darauf war ein Tunnel, an dessen Ende Licht zu sehen war. Dieses Bild war für sie ein Symbol dafür, dass es nach dem Tod irgendwie weitergeht. Dass nach den Schmerzen, nach der Angst, nach der Krankheit wieder etwas Neues kommen wird, kommen muss. Was vielen Menschen als Trost, als Hoffnung dient, verstehe ich als Hilfe, die ich mir aber selber noch nicht angeeignet habe. Für mich ist das Leben mit dem Tod zu Ende. Ich will dem Tod nicht ausweichen, ich will nicht vor ihm weglaufen. Ich möchte bis zuletzt, soweit ich darf und kann, begreifen, wie es mit meinem Leben zu Ende geht, und dann auch akzeptieren, dass es zu Ende ist.

Oft beneide ich jene Menschen, die fest daran glauben können, dass das wahre Leben erst nach dem Tod kommt – was für ein Trost! In unserem Freundeskreis, der stark an religiösen und theologischen Fragen interessiert ist, gibt es die unterschiedlichsten Haltungen zu diesem Punkt. Margot zum Beispiel, die im Lehrhaus sehr engagiert ist, verbietet sich eine solche Vorstellung. Sie sagt sich, wir wissen es nicht, und versucht, sich durch Vertrauen und Hoffnung leiten zu lassen – ohne Fixierung konkreter Formen. Und sie sagt zu mir, dass mein Standpunkt, nach dem Tod komme nichts, für sie genauso ein Glaube sei, wie der Standpunkt von anderen, nach dem Tod beginne etwas Neues. Für sie gilt: Wir wissen es nicht. Und dies akzeptieren zu lernen, ist ihr Bemühen. Meine Frau muss oft daran denken, dass Rosmarie ein paar Tage vor ihrem Tod sagte, sie sei wahnsinnig gespannt auf das Danach. Ähnlich wie Ernst Bloch, der mit über neunzig Jahren sagte, das Einzige, worauf er noch neugierig sei, sei sein Tod. Unser Freund Manfred dagegen, der mit uns im Haus wohnt, ein überzeugter Agnostiker, sagt fast trotzig, ihm sei der Tod egal. Vor dem Sterben habe er Angst, vor massivsten kreatürlichen Ängsten, die man gezwungen sei zu meistern und vielleicht nicht meistern könne. Aber das habe für ihn nichts mit dem Tod zu tun. Außer seinem jetzigen Ich, außer seinem derzeitigen Bewusstsein existiere für ihn nichts. Für meinen alten Freund Klaus wiederum, den Mediziner, hat die Frage, ob nach dem Tod noch etwas kommt, etwas mit unserem Diesseits zu tun: Für unser hiesiges Leben spiele die Frage, ob der Vorhang ein wenig durchlässig sei oder fest geschlossen, eine große Rolle. Er allerdings räumt ein, dass er den Vorhang durchaus für durchlässig hält.

Für ihn ist aber ein anderer Punkt ungleich wichtiger: Er ist sehr erleichtert, dass es so etwas wie den Tod gibt. Er möchte nicht ewig leben. Viele, die er schätzen gelernt hat, sind inzwischen gestorben.

Meine Frau sagt von sich, es habe lange Zeiten in ihrem Leben gegeben, in denen sie sich mit unserer religiösen Tradition wenig beschäftigt hat, und gelebt habe, wie sie es für vertretbar und richtig hielt. Diese Phase sei kein Verlust an Lebensernsthaftigkeit gewesen. Dass sie sich im Alter doch wieder mit Religion beschäftige, sei ein Gewinn, habe aber keine Antwort auf die Fragen gebracht, woher sie komme und wohin sie gehe.

Ich stamme aus einer sehr religiösen Familie, mein Elternhaus war von der Bekennenden Kirche geprägt. Für uns war der Karfreitag der wichtigste Tag des Kirchenjahres – Ostern war etwas für die schlichten Gemüter, die Auferstehung etwas für jene, die den Trost brauchten. Bei uns ging es darum, wie Jesus in den Tod ging. Nicht darum, dass er wiederkam. Aus Anlass des 100. Geburtstags wurde das Leben Dietrich Bonhoeffers wieder ins Bewusstsein gerückt. Dieser Theologe ist aufrecht in den Tod gegangen, den die Nationalsozialisten für ihn bereit hielten. »Von guten Mächten wunderbar geborgen, erwarten wir getrost, was kommen mag …« Mit diesem Gedicht ist er in seine Hinrichtung durch die Nationalsozialisten gegangen. Bonhoeffer wurde von seinem Glauben getragen – im Leben und, davon bin ich überzeugt, auch im Sterben. Dieser Mann ist seit Jahrzehnten tot und dennoch lebt er weiter – in unseren Köpfen. Das Leben nach dem Tode ist in diesem Fall etwas ganz Handfestes, ein Vermächtnis, keine Phantasievorstellung, dass die Toten irgendwo herumschwirren. Sartre hat einmal gesagt: So lange die Leute sich an mich erinnern, bin ich nicht tot.

* * *

Ich werde auf Veranstaltungen immer wieder gefragt, warum ich Christ bin. Meist sage ich dann, dass ich in eine Geschichte hineingeboren wurde, die nicht erst mit meinen Eltern anfing. Und jetzt, im Alter, bin ich dabei, diese Glaubensgeschichte als meinen kulturellen Hintergrund zu begreifen. Dass ich in die christliche Tradition hineingeboren wurde, privilegiert mich nicht gegenüber anderen, gegenüber den Buddhisten, Muslimen oder anderen Gläubigen. Ich will niemanden missionieren, sondern ich wünsche mir, dass auch diese sich mit dem Erbe ihres Glaubens auseinandersetzen. Ich bin zu einer Zeit, in der Kirche und Welt schon stark voneinander getrennt waren, in einer sehr religiösen Familie aufgewachsen. Mein Leben ist in einem wesentlichen Teil dadurch geprägt worden. Ich will mich zu dieser Biografie bekennen. Und indem ich die Religion zu meiner Sache mache, bin ich schon Teil der christlichen Gemeinde. Ich bete das Glaubensbekenntnis mit, weil ich Teil der Gemeinde sein möchte, und nicht, weil ich es von A bis Z glaube. Ich möchte so dem Glauben von vielen Millionen Menschen nahe sein, zu ihnen gehören, von ihrer Gemeinschaft getragen werden. Ich gehe zum Abendmahl, weil ich teilnehmen möchte, und nicht, weil ich an die Wandlung glaube.

Margot sagt, sie sei vor allem deswegen im Lehrhaus, weil sie sich fragt, ob sie in religiöser Hinsicht eigentlich auch erwachsen werden kann. Sie ist katholisch sozialisiert, war sehr aktiv in der kirchlichen Jugendarbeit, und dass sie sich so stark in der Sozialarbeit engagiert hat, habe viel mit dieser kindlichen Prägung zu tun. Als sie anfing, im Lehrhaus mitzuarbeiten, musste sie feststellen, dass sie theologisch betrachtet noch nicht erwachsen war. Sie hat, sagt sie, sich auf anderen Ebenen als der erzählerisch-bildlichen nur unzureichend mit Theologie auseinandergesetzt. Und sie fragt sich jetzt, im Alter, ob sie überhaupt jemals richtig verstanden habe, was da erzählt wird. Hinzu kommt für sie die Frage, wie andere Religionen mit den Beschwernissen des Lebens und des Lebensendes umgehen, welche Bilder und Gedanken es dort gibt. So ähnlich geht es auch mir. Als ich vor kurzem in Japan war, in einem achthundert Jahre alten Tempel, habe ich die große Kraft gespürt, die von den Mönchen dort ausgeht. Das karge, einfache Leben, die sorgfältig angelegten Gärten und detailreichen Malereien zeigten mir: Diese Menschen haben auf eine ganz andere Weise, als wir sie kennen, gelernt, ein sinnstiftendes Leben zu leben. Orte wie diese sind eine Kostbarkeit. Sie vermitteln Identität und Sinn. Mir ist bewusst, dass die Menschen in meinem Freundeskreis durch Elternhaus und Ausbildung überhaupt erst in die Lage versetzt wurden, über den Weg ihres Lebens nachzudenken. Dieses Privileg haben nicht alle. Ich will jene nicht verurteilen, die sich jeden Tag mit sinnlosen Fernsehsendungen berieseln lassen, aber bedauernswert finde ich es dennoch. Früher wurden die Menschen durch die Riten und Traditionen der Kirche gehalten. Innehalten, Gedanke und Gefühl waren gewissermaßen vorgeschrieben. Heute findet der Einzelne selbst seinen Weg – oder findet ihn nicht.

* * *

Vor zwei Jahren war Ursula nach einer Krebsoperation in einer Freiburger Klinik. Es ging ihr damals sehr schlecht. Sie hatte Schmerzen. Als sie zurückkehrte, sagte sie uns, dass dieser Monat, den sie dort gelebt hatte, vielleicht ein Vorgeschmack auf Zeiten war, die wir alle, altersbedingt, mehr und mehr erleben werden. Sie war damals sehr froh, in einer Institution zu sein, sich bestmöglich medizinisch versorgt zu wissen. Zugleich jedoch war sie froh, ein Einzelzimmer zu haben, weil sie mit sich allein sein wollte. Dieses Zimmer, mit Blick in einen weiten Himmel und auf einen schönen Innenhof mit einem kleinen Gewässer, habe ihr geholfen, auch in dieser harten Zeit Freude zu empfinden. Es waren die kleinen Erfolge, an denen sie sich aufrichtete: Der erste Tag, an dem sie mit dem Aufzug in den Hof fahren konnte, die erste Runde ums Klinikgebäude, der erste Gang in den nahegelegenen Park. Überhaupt waren es die kleinen Dinge, die ihr Kraft gegeben haben: die Kassetten mit den Radiosendungen, die Margot für sie aufgenommen hatte zum Beispiel, ein Buch, der von der Hausgemeinschaft geschickte Blumenstrauß. Dass sie die Natur und die Ruhe genießen konnte, dass sie für sich sein und nachdenken konnte, das habe ihr geholfen, mit dieser Krise umzugehen. Aber Ursula würde nicht sagen, dass dies der Weg für alle sei.

Die Krankheit habe sie verändert. Sie weiß jetzt eher, dass es nicht gut für sie ist, durchs Leben zu hetzen, fremdbestimmt irgendwelche Dinge zu tun.

Auch Manfred, mit seinen 65 Jahren der Jüngste von uns allen, reflektiert inzwischen sein Alter. Er wünscht sich schon lange, durch die Mongolei zu reiten. Jetzt ermahnt er sich selbst, die Reise nicht mehr so weit hinauszuschieben, vielleicht ist ihm dies mit 72 Jahren ja nicht mehr möglich. Wenn ein Projekt mit einer physischen Anstrengung verbunden ist, dann plant er es lieber heute als morgen. Die Erkenntnis, dass das Leben nicht mehr ewig so weitergeht, ist wohl in uns allen gewachsen.

Margot sagt, sie habe ihr eigenes Alter und ihre eigene Todesnähe dadurch erfahren, dass ihre Schwestern schwer erkrankt sind. Es ist ein großer Unterschied, ob die Eltern sterben oder die eigenen Geschwister. Egal, wie groß der Schmerz ist, die Mutter oder den Vater zu verlieren – es ist doch die vorhergehende Generation, die betroffen ist. Der Tod ist noch nicht so nah, weniger existentiell. Sterben aber die Geschwister, dann wird der Tod plötzlich zum Nachbarn. Als Margot Anfang siebzig war, wurden auf einen Schlag ihre jüngere und ihre ältere Schwester und deren Männer todkrank. Seither liege auf ihrem Leben eine gewisse Melancholie. Margot fragt sich nun öfter: Wann bin ich dran? Ob ich auch so ungeheure Eingeschränktheiten werde erleiden müssen? Ihre Schwester hatte zwei Schlaganfälle und kann sich kaum noch bewegen, kaum selbst beschäftigen – seither plagt Margot ein schlechtes Gewissen, wie gut es ihr selbst noch geht.

Meine Frau Luise zitiert die Schauspielerin Therese Giehse, wenn jemand sie auf ihre Haltung zum Sterben anspricht. Giehse hat von sich gesagt, sie sei ein sehr verschiedener Mensch. Luise fühlt ein Bedauern in sich, wenn sie sich klar macht, dass sie aus dieser Welt hinausmuss, die ihr im Großen und Ganzen gefällt. Aber sie hat auch Phasen, in denen sie wie mein Medizinerfreund denkt und erleichtert ist, dass das Leben irgendwann aufhört. Sie will nicht ewig leben. Wenn sie sich das ganze Leid anschaut und die Fehler, die immer wieder gemacht werden, die Aussichtslosigkeit der Versuche, etwas grundsätzlich zu verändern, dann ist sie überzeugt, dass sie diese Welt irgendwann satt hat. Luise sagt, man könne beides sein: lebensfroh und zugleich lebenssatt.

Viola, die Älteste von uns, betreibt eine Art Spiel. Sie sieht sich oft im Weserkurier die Todesanzeigen daraufhin an, welche Jahrgänge gestorben sind. Und, so sagt Viola, der Jahrgang 1926, ihr eigener, stehe immer öfter in den Anzeigen. Obwohl es viele Menschen gibt, die auch in jüngeren Jahren sterben, sieht sie sich die Anzeigen der 1926er genauer an. Wer hat die achtzig noch erreicht, wer hat es nicht geschafft? Ein Spiel, das einen trifft. Früher oder später.

* * *

Ein Thema, das wir in der Hausgemeinschaft und unserem Freundeskreis sehr kontrovers diskutieren, ist der Bereich der Sterbehilfe und Patientenverfügung. Die Ersten in meinem Bekanntenkreis, die eine Patientenverfügung aufgesetzt haben, waren Margot und Viola. Sie mussten erleben, wie Margots Tante einen schweren Schlaganfall erlitt, zum Schluss das Bewusstsein verlor und im Krankenhaus an diversen Schläuchen hing. Zwar hatte sie ihrer Lebensgefährtin gesagt, dass sie in einem solchen Falle nicht künstlich weiter am Leben erhalten werden wollte, doch ihre Freundin war juristisch für die Ärzte nicht existent. Die Lebensgefährtin musste also zusehen, wie Margots Tante gegen ihren Willen weiter beatmet und künstlich ernährt wurde. Die beiden hatten fünfzig Jahre zusammengelebt, und dennoch durfte die eine nicht für die andere einstehen, nicht für sie sprechen. Nach dieser Erfahrung beschlossen Margot und Viola, alles zu tun, um sich selbst eine solche Situation zu ersparen. Die Deutsche Gesellschaft für Humanes Sterben (DGHS), deren Mitglieder sie sind, ermöglichte die Abfassung einer Patientenverfügung. Viola sagt heute, dies war im Grunde ihre äußere Vorbereitung auf den Tod – auch wenn sie sich damals innerlich noch nicht mit dem Sterben befasst hatte. Vor ein paar Wochen haben sie ihre Verfügung noch einmal überarbeitet, damit sie auch heutigen Kriterien standhält. Viola sagt, es war kein angenehmer Prozess, sich mit dem eigenen Sterben in allen Einzelheiten auseinanderzusetzen, in technischer Hinsicht gewissermaßen. Aber sie seien froh, dass sie es nun hinter sich gebracht haben und dass die Verfügung fertig in der Dokumentenmappe für den Fall bereitliegt, dass sie gebraucht wird. Auch Manfred ist der DGHS beigetreten, um seinen hypochondrischen Phantasien von Siechtum, wie er selbst sagt, etwas entgegenzusetzen. Derzeit formuliert er seine alte Patientenverfügung präziser, damit sie den gesetzlichen Anforderungen genügt.

Beigetreten sind Margot und Viola der DGHS, weil sie für sich auch die aktive Sterbehilfe offen halten wollen. Und genau aus diesem Grund ist die Vereinigung umstritten. Sie zeigt ihren Mitgliedern Wege auf, an Informationen zu kommen, die helfen, aus dem Leben zu scheiden. Nun ist es nicht so, dass sich Margot und Viola nicht der Konsequenzen bewusst wären für den Fall, dass es eine solche gesetzliche Möglichkeit in Deutschland gäbe. Viola spricht nicht umsonst von der Ökonomisierung der gesellschaftlichen Probleme. Möglicherweise fühlen sich etliche Rentner verpflichtet, ihrem Leben frühzeitig ein Ende zu setzen, da die Nachkommen dann mehr vom Erbe haben. Warum noch ein schweres Jahr im Pflegeheim, wenn die Kinder doch gerade ihr Haus renovieren und das Geld dringend brauchen können? Warum noch ein quälender Monat im Krankenhaus, wenn niemand mehr auf einen wartet? Viola erzählte in diesem Zusammenhang die Geschichte ihrer Tante, die auf die neunzig zuging und im eigenen Häuschen in Berlin-Zehlendorf lebte. Die Tante musste sich stark einschränken, um das Haus halten zu können, und knauserte sich durch ihr kümmerliches Leben. Als Viola ihr vorschlug, eine Verrentung des Hauses vorzunehmen, damit sie auf ihre alten Tage besser leben könne, wehrte die Tante ab. Sie hatte Angst, dass dann nur noch auf ihren Tod gewartet würde.

Vor dem Hintergrund, dass es immer mehr alte Menschen geben wird, die in Zukunft das Gefühl bekommen könnten, sie lägen der jungen Generation auf der Tasche, bekommt die Diskussion um die Sterbehilfe noch einmal eine neue Dramatik. Klaus erinnert in diesem Zusammenhang an das Unwort vom »sozialverträglichen Ableben«, zu dem sich mancher Rentner künftig genötigt fühlen könnte. Und so manchen Vorstoß gibt es ja auch schon in diese Richtung: Man muss nur an den Politiker der Jungen Union denken, der öffentlich den Standpunkt vertrat, es sei zu teuer und dem Gesundheitssystem nicht zuzumuten, dass Menschen über 75 noch ein künstliches Hüftgelenk implantiert werde. Wir müssen alles tun, damit eine Diskussion, die in diese Richtung geht, nie gesellschaftsfähig wird!

Aktive Sterbehilfe ist in Deutschland verboten. Und das ist meiner Meinung nach richtig. Ich bin neben dem Martinshof, einer Behinderteneinrichtung in Bremen, aufgewachsen. Dort haben die Nationalsozialisten Menschen im Rahmen ihres Euthanasieprogramms umgebracht. Deswegen ist meine Haltung in der Frage der Sterbehilfe, egal ob passiv oder aktiv, so kompromisslos. Sterbehilfe muss ein Tabu bleiben. Wer will entscheiden, was lebenswert ist und was nicht? Ich denke, wenn man erst einmal anfängt, Kriterien hierfür zu entwickeln, kommt man ganz leicht ins Rutschen: Dann soll der Erste nicht mehr leben, weil er so leiden muss, und der Zweite, weil er es so mühselig hat. Nein, es gibt Fragen, die nicht verrechtlicht werden können, weil sie nicht in unserer Hand sind. Zwar muss unsere Gesellschaft es ertragen können, dass es übergesetzliche Notstände gibt, Situationen, in denen sich der Arzt für das eine oder das andere Leben entscheiden muss, aber nicht beide zugleich retten kann. Eine solche Situation kann zum Beispiel eintreten, wenn bei der Geburt Mutter und Kind gefährdet sind und nur einer überleben kann. Rette ich das Kind, weil es noch ein langes Leben vor sich hat? Rette ich die Frau, weil sie vielleicht für bereits lebende Kinder sorgen muss? Aber diese schwere Entscheidung soll dann im Nachhinein nicht ein Fall für die Strafjustiz werden. Mir ist bewusst, dass das Argument der Euthanasie in dieser Debatte eine Keule ist, und Viola hält diesen Vergleich auch für absurd, da sie ja auf ihr Selbstbestimmungsrecht pocht, das ihr laut Artikel 2 Grundgesetz auch zusteht. Sie will nicht gesetzlich geregelt wissen, dass unter bestimmten Umständen Menschen getötet werden dürfen – sie will für sich selbst entscheiden dürfen. Die Befürworter weisen auch darauf hin, dass zum Beispiel in der Schweiz Beihilfe zum Suizid möglich ist, und dass es eine Perversion sei, in einem desolaten Zustand dorthin reisen zu müssen, wenn man für sich keinen anderen Ausweg als den Freitod mehr sieht. Dennoch bin ich davon überzeugt, dass uns die Materie schnell entgleitet, wenn wir erst einmal anfangen, diesen Bereich regeln zu wollen.

Sollte ich jemals in die Situation kommen, dass intensivmedizinische Maßnahmen notwendig wären, um mein Leben zu verlängern – ohne die Aussicht auf eine Verbesserung der Situation und ohne die Chance, mein Bewusstsein wiederzuerlangen, so hoffe ich auf einen klugen Arzt, der menschlich handelt. Ich möchte auf meine Mitmenschen vertrauen können, darauf, dass andere Verantwortung für mich übernehmen, wenn ich es selbst nicht mehr kann.

Klaus, der Mediziner, findet diese Sicht etwas naiv: Auf kluge und menschliche Ärzte zu hoffen sei ehrenwert und auch nicht unberechtigt, aber gerade ihnen könne die Klärung des Begriffes menschenfreundlich, beispielsweise die Wertigkeit und Bindekraft einer Patientenverfügung oder die Grenzen lebensverlängernder Maßnahmen betreffend, verantwortliches Handeln erleichtern. Klärungsbedarf sieht er besonders im Blick auf das, was Sterbehilfe bedeuten kann und soll: Seiner Meinung nach muss diese rechtliche Grauzone dringend geregelt werden – so gut es geht. Denn wenn sie nicht geregelt würde, sei die Missbrauchsmöglichkeit erst recht gegeben. Für ihn geht es gar nicht darum, ob der Mensch Herr über Leben und Tod ist. Das ist seiner Meinung nach das falsche Ende der Diskussion. Sondern es geht darum, dem Einzelnen, der angesichts aussichtsloser Umstände seine Krankheit und seinen Tod akzeptiert, wirkliche Sterbehilfe zu ermöglichen und jeden – dann – ungebetenen Aufwand medizinischer Höchstversorgung zu vermeiden zugunsten konsequenter Schmerzausschaltung und Linderung von Leiden, wie es in der Hospizbewegung angelegt ist. Er möchte alles geregelt wissen, was geregelt werden kann. Es blieben ohnehin genug Fragen offen.

Bei der Debatte um die Sterbehilfe kann ich nicht umhin, daran zu denken, dass es immer weniger behinderte Kinder gibt. Die pränatale Feindiagnostik macht es möglich, diese Kinder schon frühzeitig zu identifizieren – sie kommen erst gar nicht zur Welt. Hier werden die Eltern zu Herren über Leben und Tod gemacht, ihnen bürdet die moderne Medizin eine Verantwortung auf, die Menschen früher nicht hatten. Die Manipulationen am Beginn und am Ende unseres Lebens eröffnen für alles, was dazwischen liegt, vergleichbare Eingriffe. Das Leben ist dann immer weniger eine Herausforderung für jeden einzelnen Menschen – und immer mehr ein Produkt der aktuellen Manipulationen. Was uns in unserer Persönlichkeitsentwicklung als Suchen, Entscheiden, Irren und Neuentscheiden abverlangt wird, wird zum Designentwurf von Experten, von medizinisch-technischen Apparaten. Alles, was Huxley, Orwell und andere über totalitäre Herrschaft geschrieben haben, bekommt so eine bedrohliche Aktualität.

Margot, die ja nur deshalb eine Befürworterin der Sterbehilfe ist, weil die gesellschaftlichen Bedingungen einfach inhuman sind, kritisiert darüber hinaus, dass der Einzelne mit diesem existentiellen Problem zu sehr allein gelassen ist. Weder die Sterbehilfe noch Themen wie Abtreibung oder pränatale Diagnostik werden im Bildungsbereich, in den Schulen, Volkshochschulen, Universitäten so aufgegriffen, dass eine profunde Meinungsbildung ermöglicht wird. Auch die Theologie gibt keine hinreichenden Antworten, die dem heutigen Stand der Entwicklung Rechnung tragen. So bleibe die Sterbehilfe ein theologisch verschwiegenes Thema. Letzteres sieht Klaus ähnlich. Die Möglichkeiten der Medizin, das Leben über den Zeitpunkt hinaus zu verlängern, an dem man früher das Ende schlicht akzeptieren musste und vielleicht auch konnte, seien enorm gewachsen. Er fragt sich, ob die Theologie, die in Sachen Lebensende vielleicht mehr und anderes beizutragen hätte, als sie es tut, dieses ambivalente Geschenk der modernen Medizin ernsthaft bedenkt. Wirkliche Hilfestellung biete sie auch dem, der bereit sei, ihr zuzuhören, nicht. Er habe im Gegenteil den Eindruck, dass die Theologie dabei sei, einem Anspruchsdenken, das alles Menschenmögliche bis zum »Menschenrecht auf Lebertransplantation« fordert, eilfertig entgegenzukommen.

* * *

Margot, die – für sich – mit dem Gedanken einer Selbsttötung inzwischen zurückhaltender umgeht, fand jüngst in dem Buch *Mystik des Todes* von Dorothee Sölle eine für sie noch neue, bedenkenswerte Sichtweise. Sölle spricht unter anderem dem Sterben eine eigene Qualität zu, die zum menschlichen Leben gehöre. Das ist für Margot eine anthropologische Frage, über die sie nachdenken wird. Trotz alledem will sie nicht ausschließen, dass sie in Panik oder in ausweglosester Situation auch an Selbsttötung denken könnte.

Meine Frau steht dem Sterben als letztem Reifungsprozess des Menschen eher skeptisch gegenüber. Was ist dann mit jenen, die sich abends ins Bett legen und morgens nicht mehr aufwachen? Oder mit jenen, die einen plötzlichen Unfalltod erleiden? Sind die dann um ihre Reifung betrogen worden? Meine Frau wünscht sich sehr wohl, ihr Sterben als bewussten Abschluss ihres Lebens zu erleben. Dies sei der Idealfall. Aber dass auch noch das Sterben einen Beigeschmack von Leistung bekommen solle, dass man es möglichst gut hinbekommen müsse, das lehnt sie ab.

Ich verstehe diesen Gedanken Sölles anders. Meine Großmutter ist mitten unter uns, ihrer Familie, gestorben, sie konnte sich von allen verabschieden. Manfreds Mutter starb, als er nur für eine kurze Zigarettenpause vor die Tür gegangen war; bis heute hadert er deswegen mit sich. Violas Mutter wäre schon einmal fast an einem Lungenemphysem gestorben, doch sie wurde wiederbelebt. Als sie aus dem Krankenhaus kam, sagte sie zu ihrer Tochter: Wenn noch mal so etwas sein sollte, dann lasst mich gehen. Zwei Jahre später erlitt sie einen Schlaganfall und lag bewegungs- und sprachlos im Bett. Zehn Tage lang wurde sie therapiert, dazu war der Arzt verpflichtet. Aber er war auch bereit, nachdem Viola ihm vom Willen ihrer Mutter berichtet hatte, nach dieser Zeitspanne alle lebenserhaltenden Maßnahmen abzubrechen, sollte sich keine Besserung einstellen. Sie bekam nur noch Wasser und Schmerzmittel, ihre Schwester wurde gerufen, und nachdem sie die noch einmal gesehen hatte, starb sie.

Was Dorothee Sölle zum Sterben sagt, ist nicht nur für denjenigen wichtig, der stirbt, sondern auch für die Angehörigen und letztlich für uns alle. Das Sterben gehört zum Leben untrennbar dazu. Wenn wir das Sterben institutionalisieren, delegieren und von uns wegschieben, kappen wir das Leben.

Nachwort

Dieses Buch hat eine ungewöhnliche Entstehungsgeschichte. Noch während meiner Amtszeit als Präsident des Senats bat mich der Verlag Herder um diese Arbeit. Begonnen habe ich sie dann 2005 mit Interviews, die Susanne Leinemann mit großer Sensibilität geführt hat. Nachdem die Geburt ihres zweiten Kindes sie an der Bearbeitung hinderte, wollten wir beide aufgeben. Der Verlag hat dann Uta von Schrenk gewonnen, die begonnene Arbeit fortzusetzen. Sie hat ein Konzept erarbeitet, gründliche Gespräche mit meinen Freunden und mir geführt und einen wesentlichen Teil des Textes geschrieben, dem ich Korrekturen und Erweiterungen hinzugefügt habe.

Ich danke Uta von Schrenk für die wunderbare Zusammenarbeit, ebenso meinen Freunden fürs Mitmachen und meiner Frau Luise für Geduld und kritische Durchsicht. Gerade im Alter ist Zusammenarbeit gefragt. Dieses Buch ist ein Beleg dafür.

Literatur

R. C. Atchley: The sociology of retirement. Cambridge (Schenkmann) 1976

Paul Baltes: Intelligenz im Alter. In: Spektrum der Wissenschaft 5/1984

Paul Baltes: Wiedergeburt am Arbeitsplatz? Transkript zum 9. Zeit-Forum der Wissenschaft vom 16. Juni 2003 in der Berlin-Brandenburgischen Akademie der Wissenschaften

Paul Baltes: Oma muss ran. In: Die Zeit Nr. 21/2005

Simone de Beauvoir: Das Alter. Reinbek (Rowohlt) 2000

Bertelsmann-Stiftung und Kuratorium Deutsche Altershilfe (KDA) (Hg.): Leben und Wohnen im Alter. Band 1–6. Köln 2003

Herwig Birg: Die ausgefallene Generation. Was die Demographie über unsere Zukunft sagt. München (C. H. Beck) 2005

Norberto Bobbio: Vom Alter – De senectute. Berlin (Wagenbach) 2004

Bundesministerium für Familie, Senioren, Frauen und Jugend (Hg.): Freiwilliges Engagement in Deutschland 1999–2004. Ergebnisse der repräsentativen Trenderhebung zu Ehrenamt, Freiwilligenarbeit und bürgerschaftlichem Engagement. München 2005

Bundesministerium für Familie, Senioren, Frauen und Jugend (Hg.): Zweiter Bericht zur Lage der älteren Generation in der Bundesrepublik Deutschland. Wohnen im Alter. Bonn 1998

Bundesministerium für Familie, Senioren, Frauen und Jugend (Hg.): Alter und Gesellschaft. Dritter Bericht zur Lage der älteren Generation in der Bundesrepublik Deutschland. Bonn 2001

Ruth Eder: Netzwerk der Generationen. Gemeinsam statt einsam. Freiburg (Herder) 2006

Michael Fröhlingsdorf u. a.: Generation Pflege. In: Der Spiegel Nr. 19/2005

Claus Fussek, Sven Loerzer: Alt und abgeschoben. Der Pflegenotstand und die Würde des Menschen. Freiburg (Herder) 2005

Sylvia Görnert-Stuckmann: Umzug in die dritte Lebensphase. Wie wohnen und leben – Modelle und Beispiele. Freiburg (Herder) 2005

Christoph Hickmann: Im Revier der grauen Schöpfe. In: Süddeutsche Zeitung vom 24. Februar 2006

Klaus Hübotter: Du baust, wie Du bist. Fürth (Klaussner) 1989

100 Jahre – Na und? Altersforscher entschlüsseln das Geheimnis eines langen Lebens (SZ Wissen. Süddeutsche Zeitung. März 2006)

Sabine Keller: Leben und Wohnen im Alter. Berlin (Stiftung Warentest) 2006

Bettina von Kleist: Wenn der Wecker nicht mehr klingelt. Partner im Ruhestand. Berlin (Ch. Links) 2006

Jürgen Leinemann. Höhenrausch. Die wirklichkeitsleere Welt der Politiker. München (Blessing) 2004

Ursula Lehr: Arbeit als Lebenssinn auch im Alter. In: Leopold Rosenmayr, Franz Kolland (Hg.): Arbeit – Freizeit – Lebenszeit. Opladen (Westdeutscher Verlag) 1988

Matthias Matussek u. a.: Unter Wölfen. In: Der Spiegel Nr. 10/2006

Phillipp Mayring: Pensionierung als Krise oder Glücksgewinn? In: Zeitschrift für Gerontologie und Geriatrie 33/2 (2000)

Elisabeth Niejahr: Alt sind nur die anderen. So werden wir leben, lieben und arbeiten. Frankfurt am Main (S. Fischer) 2004
Hildegard Nies, Margarethe A. Schindler: Wenn ich nur noch ein Jahr hätte … Wie würde ich leben? Freiburg (Herder) 2003
Präsident des Landtags Nordrhein-Westfalen (Hg.): Situation und Zukunft der Pflege in NRW. Bericht der Enquete-Kommission. Erkrath 2005
Frank Schirrmacher: Minimum. Vom Vergehen und Neuentstehen unserer Gemeinschaft. München (Blessing) 2006
Frank Schirrmacher: Das Methusalem-Komplott. München (Heyne) 2005
Christian Semler. Wenn wir einmal alt sind … In: Die Tageszeitung vom 2. März 2006
Dorothee Sölle: Mystik des Todes. Stuttgart (Kreuz) 2003
Statistisches Bundesamt: Pflegestatistik 2003. Bonn 2005
Johann-Christoph Student (Hg.): Sterben, Tod und Trauer. Handbuch für Begleitende. Freiburg (Herder) 2004
Christine Swientek: Ins wilde, weite Land des Alterns. Eine Routenbeschreibung. Freiburg (Herder) 2005
Clemens Tesch-Römer, Heribert Engstler, Susanne Wurm (Hg.): Altwerden in Deutschland. Sozialer Wandel und individuelle Entwicklung in der zweiten Lebenshälfte. Wiesbaden (Verlag für Sozialwissenschaften) 2006
Clemens Tesch-Römer: Die Demografie ändert unser Leben. In: Die Tageszeitung vom 22. Februar 2006
Shan P. Tsai u. a.: Age at retirement and long term survival of an industrial population: prospective cohort study. Houston/USA (Shell Health Services) 2005
James Vaupel: Ein neuer Job für Methusalem. In: Die Zeit Nr. 19/2005
Richard Wagner: Frohe Botschaft. In: Die Tageszeitung Ostern (15.–17. April) 2006
Jörg Zink: Ich werde gerne alt. Stuttgart (Kreuz) 2003